제자도의
7가지
핵심

To Follow Him
The Seven Marks of a Disciple

Mark Bailey

Copyright©1997 TIMOTHY PUBLISHING HOUSE
a division of PAIDION MISSION
Translated and Published by Permission
Printed in Korea
Originally published in the U. S. A.
under the title of
To Follow Him
Copyright©1997 by Mark Bailey
MULTNOMAH
SISTERS, OREGON

이 책의 한국어판 저작권은 Multnomah와 독점 계약한
(주)도서출판 디모데에 있습니다. 신 저작권법에 의하여
한국 내에서 보호를 받는 저작물이므로
무단 전재와 무단 복제를 금합니다.

*본문의 성경은 한글개역개정을 사용하였습니다.

제자도의 7가지 핵심

TO FOLLOW HIM THE SEVEN
MARKS OF A DISCIPLE

예수님을 향한 비길 데 없는 최고의 사랑

마크 베일리_Mark L. Bailey

헌사

이 책을
지난 25년 동안 나의 가장 가까운 친구인 아내,
바바라 베일리(Barbara Bailey)에게
깊은 감사의 마음을 담아 바칩니다.

당신은
지도자 같은 어머니이자,
협력하는 아내이자, 사랑의 모델이었습니다.
조쉬(Josh)와 제레미(Jeremy)와 나는,
당신에게 더 이상 바랄 것이 없습니다.

당신의 '세 남자' 모두는
당신을 마음속 깊이 사랑합니다.

제자도에 관심을 가지라는 목소리가 높고, 또 제자도와 관련된 방법과 지침을 제시하는 책들이 주변에 수두룩하다. 너무 많아서 우리를 압도할 정도다. 그러나 예수님이 보여주신 참 제자의 모습을 보면, 정말 주님의 제자가 되고 싶은 마음이 절로 든다. 나는 예수 그리스도께 신실하고 순수하게 헌신하라는 분명한 부름의 소리를 다시 한 번 들었다.

− **스티브 그린**(Steve Green),
CCM 뮤지션

예수 그리스도의 자취를 따르는 것은 종종 복잡하고 번거로운 일이다. 제자도를 잘못 알고 있는 예수쟁이들의 달콤한 충고와 애매모호한 말들 때문이다. 그러나 여기 이 책은 매우 설득력 있다. 삶과 밀접한 가르침으로 친절하게 독자들을 평탄한 길로 이끄는 교사이자, 지혜로운 교수요, 목사요, 아버지 같은 마크 베일리는 제자도를 보람으로 가득한 과제로 제시해준다.

− **하워드 헨드릭스**(Howard G. Hendricks),
달라스 신학교 교수, 기독교 지도자 센터 원장

매우 유용한 책이다! 이 책은 주님이 주신 지침에 깊이 뿌리를 내리고 있으며, 오늘의 삶의 현장과 연결되어 있다. 당신은 마크 베일리와 함께 울고 웃을 것이다. 그의 가르침을 따라 그리스도 안에서 성장할 것이다. 이 책은 20년 동안 쌓아온 가르침에서 얻은 실제적인 지혜다. 단순히 '상아탑'의 지식에만 머물러 있지 않다.

− **얼 래드마커**(Dr. Earl Radmacher),
전 웨스턴 신학대학원 총장

제자라는 단어가 구태의연한 말이 되어버린 이 시대에, 마크 베일리는 예수님의 말씀을 통해 참된 제자의 특징을 7가지로 요약해냈다. 그는 예수님의 참 제자가 되고 싶은 사람들이 통찰력 있는 예화와 생각 깊은 적용으로 그리스도를 닮은 모습을 가질 수 있도록 돕고 있다. 이 책을 주의깊게 읽어보고 신실하게 삶에 적용하기를 권한다.

— J. 드와이트 펜테코스트(J. Dwight Pentecost),
달라스 신학교 성경 강해 명예 교수

마크 베일리는 진보적이고 힘 있는 제자도의 부르심을 일깨워준다. 그러나 온전한 헌신으로 예수님을 따르려는 열정이 없다면 그 부르심을 깨달을 수 없다.

— 빌 도나휴(Dr. Bill Donahue),
일리노이 주 바링턴 시 윌로우크릭 교회 지도자 개발원장

나는 매년 수천 명의 남성들을 위해 사역하고 있다. 그들이 나에게 던지는 첫 번째 질문은 늘 이것이다. "정말 예수님을 따른다는 것은 어떤 의미입니까?" 이제 나는 그들에게 예수님이 보여주신 참 제자의 모습을 보여줄 수 있다. 마크 베일리는 제자도가 무엇인지, 그리고 어떻게 그 목표를 성취할 수 있는지 분명한 지도를 제공하고 있기 때문이다.

— 로드니 L. 쿠퍼(Rodney L. Cooper),
'약속을 지키는 사람들(Promise Keepers)' 전국 책임자

감사의 글

내게 엄청난 인내와 믿음을 보여준 퀘스타 출판사, 특히 래리 리비(Larry Libby)에게 특별한 감사를 드린다. 그들은 내가 책을 처음 쓰는 사람임에도 불구하고 내 책을 출판하는 모험을 마다하지 않았고, 긍정적인 동기 부여와 격려를 아끼지 않았다. 이번 일로 나는 목사이자 교수로서 내 스케줄을 내 마음대로 조정할 수 없다는 사실을 알게 되었다. 첫 번째 책이 나올 수 있도록 융통성 있는 자세로 도움을 준 그들에게 다시 한 번 감사드린다. 캐롤 바틀리(Carol Bartley)와 수 앤 존스(Sue Ann Jones)에게 많은 도움을 받았다. 그들이 나를 얼마나 도와주었는지는 그들과 나 그리고 오직 주님만이 알 것이다.

차례

들어가는 글 티켓은 필요 없다 ... 13

1장 최고의 개인 트레이너 ... 25

2장 아주 특별한 사랑 ... 45
  제자도의 핵심 1 | 예수님을 향한 비길 데 없는 최고의 사랑

3장 하나님의 체육관 ... 71
  제자도의 핵심 2 | 하나님의 말씀에 대한 정기적인 공부와 헌신

4장 하나님의 거울에 비친 모습 ... 93
  제자도의 핵심 3 | 우리 자신을 삶의 권위와 초점으로 삼는 것에 대한 포기

5장 죽음까지도 각오하라 ... 117
  제자도의 핵심 4 | 복종의 삶과 십자가에 대한 희생

6장 지도자를 따르라 ... 141
  제자도의 핵심 5 | 그리스도의 강력한 리더십에 대한 충성

7장 영원에 근거한 투자 ... 171
  제자도의 핵심 6 | 우리의 소유물에 대한 참된 소유권의 인식

8장 제자임을 알게 하라 ... 207
  제자도의 핵심 7 | 다른 사람들에게 그리스도의 사랑을 반영함

들어가는 글

티켓은 필요 없다

아내와 아이들이 나를 공항까지 바래다주었지만, 이미 나는 예정 시간보다 많이 늦었다. 달라스 포트워스 국제 공항 청사 앞길에 차를 대자마자, 나는 키스로 작별 인사를 대신했다. 그리고 가방을 걸머지고 청사 안으로 급히 내달렸다. 나는 주말 집회를 인도하려고 오클라호마로 갈 참이었다. 내 생각은 온통 강의와 내가 타야 할 비행기에만 쏠려 있었다.

그때, 1월 초 금요일 밤의 바깥 공기는 살을 에는 듯 차가웠다. 나는 청사를 향해 돌진했다. 그리고 입구의 자동문이 열리기를 기다리는 그 짧은 순간, 아차 하는 생각이 스치고 지나갔다. 자동차 앞좌석에 비행기 티켓을 놓고 온 것이다.

아내에게 주일날 밤 마중 나올 시간을 알려주려고 비행기 티켓을 꺼냈었는데, 그 순간 차가 공항 청사 앞에 도착했던 것이다. 나는 뛰다시피 내렸고, 가방 두 개를 집어들고 재빨리 작별 키스를 나누었던 것이다.

차에 두고 내린 비행기표가 생각나자마자 자동문 앞에 가방을 놔둔 채 곧바로 뒤를 돌아보았다. 차는 막 눈앞에서 사라지고 있었다. 나는 보도를 뛰어내려가서 아내의 눈에 띄기 위해 한쪽 팔을 높이 쳐들고 흔들었지만 허사였다. 청사의 다음 문을 향해 뛰기 시작하자 한 여승무원이 나에게 소리쳤다. "누구를 잡으려고 그러세요? 이쪽 경사진 곳으로 가세요. 여기 모든 차도는 나선형 식이라 둥글게 내려가게 되어 있거든요. 그러면 잡을 수 있을 거예요."

나는 달리면서 대답했다. "고마워요." 애써 미소를 지으며 달려갔다. 바로 그때 너무나 성경적인(?) 내 아내는 '좌로나 우로나' 치우치지 않고 똑바로 앞만 쳐다보고 운전하면서 나를 스쳐지나갔다. 그 옆에서 나는 풀쩍풀쩍 뛰면서 간간이 소리를 지르며 팔을 흔들었다.

아내는 나를 알아보지 못했다. 그러나 나를 본 다른 많은 운전자들은 도대체 무슨 일인지 궁금했던 모양이다. 그중 한 사람이 내 옆으로 차를 몰고와 세우더니 물었다. "선생님, 무슨 문제라도 있으십니까?"

그는 심판들이 즐겨 입는 티셔츠를 입고 있었고, 택배 회사의 작은 트럭을 몰고 있었다. "네, 아내가 저기 차를 몰고 가는데, 거기다 비행기표를 놓고 내렸어요." 나는 헉헉거리며 대답했다.

"타시죠."

아마 당신도 나처럼 아이들에게 모르는 사람의 차는 타지 말라고 주의를 준 적이 있을 것이다. 그러나 나는 재빨리 그 차를 타기로 마음먹었다. 금요일 밤에, 마치 농구 심판 같은 옷을 입은 이 사람이 설마 총 같은 것을 가지고 다닐까 싶었다.

어쨌든 망연자실하여 보도에 서 있던 나는 그 작은 트럭 위에 올라탔다. 내가 타자마자 그는 전투기 비행사처럼 출발했다. 덮개도 없이 달리는 작은 트럭 뒤 칸에 있으려니 양복을 뚫고 들어오는 찬바람에 마치 온몸이 얼어붙는 것 같았다.

갑자기 그는 자기가 뒤쫓고 있는 차가 어떤 차인지 모른다는 생각에 창문으로 큰 소리로 외쳤다. "그런데 어떤 차예요?" "흰색 오메가예요." 나는 소리쳤다. "아, 그 차라면 잡을 수 있을 거예요."

순간, 그 차에 얽힌 어려웠던 문제들이 스쳐지나갔다. "그래요. 그건 제 차예요. 당신이라면 문제없이 따라잡을 수 있을 겁니다."

우리는 나선형 차도를 날아가듯 돌아 공항 남문 쪽 고속도로를 탔다. 공항을 빠져나가는 톨게이트까지는 8-9킬로미터를 더 가야 했기 때문에 따라잡을 시간은 충분했다. 시속 100킬로미터 정도로 몰아치는 바람에 얇은 양복 상의가 휘날리자 나는 다음 집회 때는 반드시 코트를 입어야겠다고 생각했다. 그리고 너무 추워서 그 짧은 거리는 영원히 좁혀지지 않을 것처럼 느껴졌다.

마침내 우리는 오메가 승용차 옆으로 차를 몰았다. 아내는 여전히 앞만 보고 운전을 하고 있었고, 두 아들 녀석은 뒷좌석에서 장난을 치고 있었다. 우리가 차 옆으로 천천히 다가가자, 큰아들 조쉬는 창문 밖으로 작은 흰색 트럭 뒤 칸에서 자기를 향해 미친듯이 손을 흔드는 한 남자를 보았다. 그 상황에서 당신이라면 그 아이가 곧 나를 알아봤을 것이라고 생각할 것이다. 그러나 조쉬는 트럭 뒤 칸에 타고 있는 남자가 불과 몇 분 전에 작별 인사를 나눈 아빠라는 것을 알기까지 얼마의 시간이 걸렸다.

조쉬는 나를 알아보자 마구 웃기 시작했다. 너무 많이 웃는 바람에 엄마에게 자기가 본 상황을 말하지 못했다! 내가 생각해도 정말 우스운 광경이었을 것이다. 엄청나게 추운 1월, 밤바람에 머리는 뒤로 사정없이 날리고, 양복은 펄럭거리고, 안경에는 서리가 잔뜩 낀 아빠가, 뭔가 중요한 것을 말하려는 것처럼 소리치며 팔을 흔드는 모습을 차 안에서 보고 있었다면 어찌 우습지 않겠는가?

그런가 하면 최고의 모범 운전사 같은 아내는 뒷좌석에서 무슨 일이 일어나고 있는지, 옆 차선에서 무슨 일이 생겼는지 조금도 생각하지 않고 똑바로 앞만 쳐다보며 운전에만 집중하고 있었다. 흰색 오메가 승용차와, 미친 듯이 팔을 흔들어대는 남자를 뒤 칸에 태운 작은 흰색 트럭은 그렇게 나란히 길을 내려가고 있었다. 그 순간, 상당히 엉뚱한 생각들이 머리를 스치고 지나갔다. "아무도 내가 이러고 있다는 것을 믿지 않을 거야. 사실 나도 믿기지 않는데. 아니 왜 제가 여기 이러고 있습니까? 주님, 당신은 무엇을 하고 계십니까? 이것은 분명히 당신의 뜻이 아닐 텐데요."

그러다가 나는 보다 더 실제적인 생각을 하기 시작했다. "어떻게 이 트럭 뒤 칸에서 저 흰색 오메가를 공격하지? 뭘 목표로 삼지? 앞 유리 와이퍼를 잡아야 하나? 라디오 안테나를 붙잡아? 도대체 어떻게 저 차를 멈추게 하지?"

드디어 조쉬는 아내에게 상황을 이야기했다. 아내는 고개를 돌려 나를 보더니 역시 웃기 시작했다. 그러나 차를 세우지는 않았다. 재미

있다고 생각하는 것 같았다. 창문 밖에서, 남편이 작은 트럭 뒤 칸에서 마치 오케스트라를 지휘하는 것처럼 팔을 흔들어대는 것이 하나도 이상한 일이 아니라는 듯.

마침내 아내는 차를 세웠다. 그 순간 나는 제정신이 아니었다.

"당신, 거기서 뭐하는 거예요?" 아내는 물었다.

"당신이 내 비행기 티켓을 갖고 있잖아!" 나는 마치 그것이 아내의 잘못이기라도 한 듯 화를 내며 쏘아붙였다.

나는 흑백 줄무늬 티셔츠를 입은 천사 같은 그 남자에게 감사의 말을 전하고, 투덜거리며 우리 차에 올랐다. 아내는 여전히 웃고 있었지만, 뒷자리에 앉아 있던 아이들은 내가 더 화를 낼까봐 웃음을 참고 있는 것 같았다.

그때 내 머리에는 온통 이런 생각들뿐이었다. "내 가방은 누군가 훔쳐갔겠지. 가방은 거기 없을 거야. 나는 비행기 시간을 놓쳐 집회에 참석할 수 없겠구나. 얼마나 창피를 당할까. 나는 약속을 지키지 않는 믿을 수 없는 사람으로 몰리겠지."

우리는 차를 돌려 다시 공항으로 향했다. 이젠 정말 늦어버렸다. 겨우겨우 우리는 이 모든 악몽이 시작된 청사 앞 바로 그 입구로 돌아왔다. 아내가 차 문을 열어주었고, 나는 비행기 티켓을 쥐고 다시 뛰었다. 이번엔 아무에게도 작별 키스를 하지 않았다.

놀랍게도 가방은 여전히 그 자리에 있었다. 그 가방을 보면서 나는 불쾌한 상황 속에서도 재미있는 일이 있을 수 있다는 여유를 되찾을 수 있었다. '얼마나 많은 사람들이 이곳을 걸어들어가면서, 여기 가방이 있는 게 정상적인 일처럼 생각하며 들어간 것일까?' 그런 생각을 하며 그 문을 통과해 걸어나가자 비로소 내 분노는 웃음으로 변했다.

다행히 타려던 비행기가 연착하는 바람에, 나는 간신히 비행기를 탈 수 있었다. 그러고나서 아내에게 전화를 걸어 사과했다. 비행기 티켓이 차 안에 있었던 것은 아내의 잘못이 아니었다고 말했다. 나는 다시 킬킬거리는 아내와 아이들의 웃음소리를 들었다. 그들은 그것이 아내의 잘못이 아니었음을 알고 있었던 것이다.

나는 이제 집회를 인도하거나 어딘가로 여행할 때마다 언제나 중요한 질문 하나를 던진다. "나는 비행기 티켓을 가지고 있는가?"

열린 초청

그 티켓은 내게 매우 중요했다. 비행기 티켓을 사러 가면 그곳 직원들은 이렇게 말하곤 한다. "잊어버리지 않도록 조심하세요. 이건 현금과 같거든요." 오늘날 비행기 티켓은 거의 현찰과 같다.

비행기를 타려면, 또 목적지에 도착해 짐을 찾으려면 그 티켓이 필요하다. 티켓은 언제나 중요하다. 공연장, 극장, 스포츠 경기장, 각종 세미나와 강의에 가려면 꼭 티켓이 있어야 한다. 티켓은 살 때마다 값이 뛴다. 최근에 본 신문에서, 2001년에 열리는 슈퍼 볼(미국 프로 미식축구 챔피언 결정전) 입장권 한 장이 300달러는 될 것이라는 기사를 읽었다(2010년 기준으로는 700-900달러 선이었다. 편집자 주). 이 값은 암표상이 제시하는 가격이 아니라 정상 액면가다.

또 지난해 대통령 선거 유세 때, 대통령이 연설하는 유세장에 들어가려면 비록 무료지만 반드시 티켓이 있어야 한다는 공고가 나기도 했다. 다시 말하면 세상에서 가장 강력한 권력을 가진 미국 대통령을 보기 위해서는, 실제로는 아무 돈 가치가 없기는 해도 반드시 티켓을 가져야 한다는 말이다.

공고를 보면서 나는 생각했다. "온 우주에서 가장 뛰어난 하나님이 당신에게 나아오는 우리에게 아무 티켓도 요구하지 않으신다는 사실, 이것은 얼마나 놀라운 일인가!" 우리가 고통받는 자신의 영혼을 달래려고 할 때 하나님은 거기 계신다. 우리는 그분의 위로하시는 음성을 듣기 위해 어떤 티켓도 가질 필요가 없다. 더 나아지고 싶은 필요를 느낄 때, 그분은 우리를 도울 만반의 준비를 하고 계신다. 무슨 일인가 시작하려고 할 때, 동기가 부여되고 후원이 필요할 때, 그분의 말씀은 우리의 마음에 노래를 주신다. 그리고 씩씩한 발걸음으로 세상에 나가게 한다. 그러나 그 말씀을 듣기 위한 티켓은 필요 없다.

주님이 실제로 우리의 평생 동안 문을 열어놓고 계신다는 사실은 얼마나 놀라운 일인가! 창조주이자 우리의 생명을 맡으신 그분이 우리 모두를 만나주신다니. 그리고 우리를 받아들이실 뿐 아니라 우리를 초청하고 계신다니.

"수고하고 무거운 짐진 자들아 다 내게로 오라 내가 너희를 쉬게 하리라 나는 마음이 온유하고 겸손하니 나의 멍에를 메고 내게 배우라 그리하면 너희 마음이 쉼을 얻으리니 이는 내 멍에는 쉽고 내 짐은 가벼움이라 하시니라"(마 11:28-30).

우리를 향한 그분의 초청은 단순하지만 동시에 심오하다. 그분은 그저 자신에게 오라고 하셨다. 당신은 그 초청의 음성을 들어본 적이 있는가? 지금도 여전히 그 소리를 들을 수 있는가? 그분은 언제나 우리에게 오라고 말씀하신다. 그 초청은 지속적이다. 이전에 비록 그 초청에 반응했더라도 우리는 다시 오라는 초청을 받는다.

그 초청은 개인적이다. 예수님은 "내게 오라"고 말씀하신다.

20여 년 전, 큰아들 조쉬가 처음 걸음마를 하던 때가 기억난다. 어느 날 밤, 우리는 본당 예배가 중계되는 비디오를 보며 교회 휴게실에 있었다. 한 살 짜리 조쉬와 함께 조용히 예배실에 앉아 있다는 것이 불가능했기 때문이다. 그래서 나는 조쉬가 오르락내리락할 수 있는 공간이 있는 휴게실에 앉아 있었다. 조쉬가 첫 발을 내딛으려고 애쓸 때 나는 그것을 보며, 기쁨과 자랑스러움에 겨워 팔을 뻗어 가장 조용한 목소리로 아이에게 속삭였다. "이리 와… 그래, 바로 그거야. 이리 오너라… 너는 할 수 있어. 그래, 괜찮아. 어서 오너라."

우리가 처음으로 주님께 나아가기 위해 아기처럼 종종걸음을 치든지, 아니면 백번 째로 그분에게 거듭 도움을 청하든지 주님은 우리에게 변함없는 격려의 말씀을 해주신다.

주님은 "내게 오라"고 말씀하신다. 지치고 피곤한 이들에게, 세상 근심으로 기진맥진하고 패배당한 모습으로 나아오는 이들에게, 탈진한 상태라 걸을 수도 없어 무릎으로 그분 앞에 나아오는 이들에게 그분은 특별히 초청하신다.

지금 지쳐 있는가? 모든 에너지가 소진되었는가? 권태로운가? 그렇다면 이 말보다 더 듣기 좋은 말은 없다. 주님은 지금 당신에게 말씀하신다. "내게 오너라… 내게 오라."

당신이 그분으로부터 얼마나 떠나 있었는지는 하나도 문제되지 않는다. 그분은 "오라"고 말씀하신다. 이전에 한 번도 온 적이 없더라도 개의치 않으신다. 주님은 손을 높이 들어 당신을 환영하며 말씀하신다. "내게 오너라. 너는 그렇게 할 수 있어."

삶이 공허하게 느껴지는가? 삶의 의미를 느끼게 해줄 무언가를 찾고 있는데 그것이 무엇인지 모르고 있는가? 예수님은 팔을 뻗어 말씀하신다. "내게 오라." 그것은 격려의 초대이며 가슴을 활짝 연 초청이다.

그것은 모든 사람을 포함하는 초청이다. "수고하고 무거운 짐진 자들아 다 내게로 오라." 당신이 어떤 사람인가는 문제되지 않는다. 인종이나 성별, 배경이나 개성, 그런 것들은 어떤 문제도 될 수 없다. 그것이 과거에 당신을 얼마나 힘들게 했는지도 문제되지 않는다. 그동안 어떤 삶을 살아왔고, 어떤 유익이나 문제가 있었는지도 상관없다. 스스로의 필요를 인정하며 낮출 의지만 있다면 예수님은 "오라"고 말씀하신다.

그것은 열린 초청이다. 주님은 언제나 거기 계신다. 그분께 나아오는 것은 당신의 특권이며, 그 부르심은 지속적인 것이다.

안식의 약속

그러나 예수님은 단지 "내게 오라"고 말씀하시는 데서 그치지 않으신다. 다른 특별한 것까지 말씀하신다. 참 위로가 되는 매력적인 어떤 것을 말씀하신다. 그래서 우리로 하여금 우리 어깨에 둘린 그분의 팔을 느끼며, 그 약속이 이루어지는 것을 바라볼 수 있는 말씀을 주신다. "수고하고 무거운 짐진 자들아 다 내게로 오라 내가 너희를 쉬게 하리라."

안식이란 얼마나 좋은 말인가. 소년 시절을 보냈던 콜로라도 주의 글렌우드 스프링스에서의 긴 오후를 나는 잊지 못한다. 낮잠 시간, 침대에 누워 천장과 내 작은 침실 벽의 모든 점과 줄을 세던 그때를 나는 기억한다. 나는 가능한 잠과 싸우며 낮잠 시간마저도 놀거리를 만들었다. 어렸던 그때, 나는 낮잠 시간도 또 다른 놀거리를 위해 만들어진 것이라고 생각했다. 이제 40대 중반에 들어섰지만 다시 한 번 기회가 생긴다면, 조용한 오후에 한두 시간 낮잠을 즐기는 호사스러움을 나는 결코 마다하지 않을 것이다. 그런 거절은 지금의 나로서는 도저히 상상할 수 없는 일이다.

안식이 육적인 삶에 그렇게 필요한 것이라면, 영적인 삶에는 얼마나 중요한 것인지 두말할 필요도 없다. 성장은 책임을 수반하고, 책임은 압박감을 가져온다. 성인인 우리는 지금 사방에서 압박감을 느낀다. 직장과 가정, 교회에 대한 헌신 그리고 사회적인 책임의 압박이 사방에서 우리를 에워싸고 있다.

그런데 여기, 압박에서의 해방이 있다. 지치고 억압받는 이들을 위한 평화와 안식의 공간이자, 피난처, 영혼의 욕실이 있다. 티켓은 필요 없다. 당신은 초청받은 사람이다. 그저 오기만 하면 된다.

단, 한 가지 밝혀둘 것이 있다. 이 안식은 우리가 지금까지 맛보았던 휴식과는 완전히 다른 것이다. 우리는 여기에서, 구원의 주님과의 관계 속에서 영혼의 안식을 찾을 것이다. 그러나 이 안식은 우리가 지금까지 경험했던 것과는 전혀 다른 특별한 방법으로 맛보게 될 것이다. 안식을 얻기 위해 주님께 나아올 때 그것은 우리가 그저 그분 발치에 앉아 잠을 자거나 긴장을 푸는 일이 아닐 것이다. 우리는 예수님과 함께 걸을 것이며, 그분께 훈련받을 것이다.

진실은 바로 그것이다. 안식하기 위해 예수님 앞에 나아오게 될 때 우리는 황소처럼 일하는 우리 자신을 만나게 될 것이다. 주님이 우리에게 원하시는 것은 무엇일까? 그분은 우리를 제자로 훈련시키신 다음, 훈련받은 우리가 예수님께 나아오는 다른 이들을 훈련시키게 되기를 원하신다.

예수님과 제자의 관계를 맺는다는 의미 속에는 또 하나의 아이러니가 있다. 그것은 그분이 그 책임들 안에서 안식을 약속하셨다는 사실이다. 배움은 노동 속에서 이루어진다. 훈련은 교실이 아니라 직장에서, 일의 현장에서 진행된다. 삶이 양육과 동시에 진행되는 것처럼 말이다. 훈련은 두 개의 중심을 가지고 있다. 우리 자신이 하나의 중심이며, 하나님이 우리 자신과 함께 양육하도록 우리에게 인도해주실 사람들이 또 하나의 중심이다. 즉, 제자 훈련은 팀의 노력이 요구된다는 말이다. 주님은 우리가 제자를 삼고자 한다면, 먼저 우리에게 제자가 될 것을 요구하신다.

제자도는 중대한 책임을 수반하는 동시에 최고의 상급을 약속한다. 제자도에 대한 예수님의 가르침의 핵심에는 헌신된 제자의 삶을 말해 주는 몇 가지 인격적인 자질이 있다. 이 변화된 삶의 자질에는 친밀한 사랑, 변하지 않는 기준, 건강한 자아상, 죄에서 해방시키는 자유, 미래에 대한 분명한 방향, 재정의 책임과 지혜 그리고 삶을 변화시키는 관계가 포함된다.

예수님이 정의하신 제자가 되겠다고 신청하는 순간, 우리는 그 훈련 프로그램이 얼마나 '함께' 중심인가에 놀랄 것이다. 그것은 우리의 삶과 필요의 모든 영역을 다룰 것이다.

작은 흰색 트럭을 몰고가는 사람이 되도록 훈련받는 것, 나는 그것이 바로 제자도라고 말하고 싶다. 길가에 서서 미친 듯이 팔을 흔드는 절망적인 여행자를 태워 그들이 가야 할 곳에 도착하도록 도와주는 그런 사람 말이다.

1장
최고의 개인 트레이너

안식을 위해 주님께 나아올 때 그분이 우리에게 해주시는 일이 개인 트레이너 역할이다. 피곤으로부터 해방감, 좌절감으로부터 안식을 얻기 위해 그분께 나아갈 때, 주님은 우리와 함께 일하신다.

1997년, 토크쇼 진행자로 유명한 오프라 윈프리(Ophra Winfrey)는 밥 그린(Bob Greene)과 함께 베스트셀러가 된 책을 한 권 썼다.「연결고리 만들기(Make the Connection)」라는 제목의 그 책은, 뚱뚱하고 볼품없는 오프라가 마라톤 경기에 출전할 수 있을 정도로 좋은 체격과 건강을 갖게 된 변신에 대해 자세히 기록하고 있다.

체중을 줄이는 등 건강한 몸을 위해 많은 노력을 기울인 끝에 오프라는 목표를 달성했다. 그녀는 전에도 여러 번 다이어트를 시도했지만 체중은 번번이 제자리로 돌아가곤 했다. 그러던 중 잠깐 머물고 있었던 콜로라도 리조트에서 운동 생리학자 밥 그린을 만났다. 리조트에서 몇 번 지도를 받은 후, 그녀는 그린에게 시카고로 와서 자신의 개인 트레이너가 되어달라고 부탁했다.

그린은 오프라를 도와 그녀의 건강 상태를 향상시킬 수 있는 프로그램을 개발했다. 그는 그녀에게 꼭 해야 할 운동 목록을 적어주고 반드시 그렇게 해야 한다고 말하는 데서 그치지 않았다. 그는 오프라와 함께 운동을 했다. 그녀 홀로 일정한 거리를 걷거나 달리게 하지 않았다. 그도 함께 달리거나 걸었다. 오프라가 매일 수킬로미터씩 뛰는 훈련을 할 때 그린은 옆에서 보조를 맞추며 끝까지 같이 뛰었다. 개인 트레이너가 하는 일이란 바로 그런 것이다. 그것이 오프라에게 변화를 가져온 요인이다. 여느 때 같으면 그녀는 혼자 운동을 하면서, 이길 가망이 없는 헛된 싸움을 혼자서 했을 것이다. 그러나 개인 트레이너와 함께했을 때에는, 옆에서 트레이너가 계속 동기 부여를 해주었기 때문에 목표에 집중할 수 있었다. 그 결과, 그녀는 스스로 불가능하다고 생각하던 일을 성취했다.

당신도 헛된 싸움을 해본 적이 있는가? 생활 구석구석에 파고든 피곤을 이기기 위해 거듭 노력했는가? 만족감을 얻고 싶어서 일하고, 또 일했는데 계속 실패만 했는가? 그렇다면 당신 역시 개인 트레이너가 필요하다. 그러나 아무나 그 트레이너가 되어서는 안 된다. 당신의 삶 전체에 걸쳐 바로 옆에서 뛰어줄 개인 트레이너, 최고의 동기 부여자, 완전한 동반자, 곧 전능하신 주님이 필요하다.

안식을 위해 주님께 나아올 때 그분이 우리에게 해주시는 일이 바로 그 개인 트레이너 역할이다. 그렇다. 바로 그것이다. 피곤으로부터 해방감, 좌절감으로부터 안식을 얻기 위해 그분께 나아갈 때, 주님은 우리와 함께 일하신다. 나는 앞서 이 안식이 이제까지 우리가 경험한 그 어떤 것과도 전혀 다른 것이라고 말했다. 여기에는 하나의 역설이 있다. 예수님은 안식을 얻기 위해 자신에게 오라고 요청하신다. 그리고 '안식'이라고 말씀하시는 동시에 "내 멍에를 메라"고 말씀하셨다.

그래서 졸지에 안식은 '멍에를 메는 것' 바로 옆에 있게 되었다. 당신은 이렇게 말할지도 모른다. "멍에요? 무슨 멍에 말입니까? 짐승들이 짐을 나를 때 쓰는 것 말인가요? 그건 왠지 안식하고는 거리가 먼 것 같은데요. 주님, 그러면 저는 매우 혼란스러워집니다. 주님은 정말 제가 안식하기를 원하십니까? 아니면 일하기를 원하십니까?"

주님은 이렇게 말씀하신다. "둘 다란다!"

잠깐 오해했다고 생각하는 당신은 이렇게 되물을지도 모르겠다. "제가 지금 몹시 피곤한데도 주님은 정말로 제가 그 멍에를 메기 원하십니까?"

주님은 "그렇다"고 대답하신다.

당신은 거듭 묻는다. "제가 몹시 피곤한데도 당신께 오기를 원하십니까? 그러면 뭘 하게 되는 거지요? 주님 말씀을 듣자니 뭔가 일을 하게 될 것 같은 생각이 드는데요. 그럼 이렇게 고백할 수밖에 없습니다. 그건 제가 생각했던 게 아니에요. 어떻게 동시에 일도 하고 안식도 할 수 있다는 말씀입니까?"

예수님과 함께 멍에를 메다

예수님이 어떻게 이 둘 다를 이루셨는지 알기 위해서는 멍에에 대해 더 깊이 이해할 필요가 있다. 고대 근동 지역에서 농부는 밭에서 일할 때 최대의 효과를 거두기 위해 한 쌍의 소에게 같이 멍에를 메우는 관습이 있었다. 나이 많고 경험이 많은 소가 어리고 미숙한 소와 함께 멍에를 메어줌으로써, 경험 없는 어리고 거친 소를 훈련시키고 길들이는 것이 당시의 관습이었다. 말하자면 나이 든 소는 어린 소의 개인 트레이너였다. 경험이 많은 소는 쟁기를 어떻게 다루고, 농부와는 어떤 관계를 유지해야 하는지, 그래서 어떻게 주어진 일을 완수할 수 있는지 정확하게 알고 있었다.

어리고 거친 황소가 똑바로 밭을 가는 방법을 전혀 알지 못하리라는 것은 쉽게 짐작할 수 있다. 그 소는 가고 싶은 방향으로 가려고 멍에를 잡아당길 것이다. 그러다가 옆에 있는 트레이너보다 앞서거나 뒤처질 것이다. 결국 계속 그렇게 한다면, 어린 황소가 지치고 목이 아플 것은 당연하다.

예수님은 자신과 함께 멍에를 메자고 우리를 초청하셨다. 그분은 경험이 많은 분이시며, 영적인 훈련에 있어서 전문가다. 그분은 우리더러 혼자 멍에를 메라고 하지 않고, 자신과 함께 자신의 멍에를 메자고 요청하셨다. 주님은 자신에게 와서 배우라고 우리를 초청하고 계신다.

마태복음 11장 28-30절의 메시지는 돈 프랜시스코(Don Francisco)

가 취입한 〈네 마음에 고향을 주마(Give Your Heart a Home)〉라는 노래에 창조적으로 의역되었다. 이 노래를 들으면 마치 무거운 짐 때문에 쓰러졌거나 지친 사람들, 아마 당신 같은 사람들을 예수님이 부르시는 것만 같다.

나는 너의 공허한 웃음과 비밀스런 고통의 한숨을 듣네
수치심을 감추려고 꾸미고 가장하는 너,
가짜 웃음과 얼굴로 눈을 감은 채 눈물을 떨구는구나
텅 빈 공간과 친구들은 너의 두려움만 키우는구나

지치고 연약한 네가 힘들고 무거운 짐을 졌구나
난 혼자라는 것이 어떤 느낌인지 이해할 수 있어
너를 사랑하게 해준다면 나는 네 짐을 기꺼이 지리라
네 어깨에 팔을 두르고 네 마음에 고향을 주마

이겨내기 위해 그렇게 힘들게 노력하는 것을 보니 마음이 아프구나
너는 소중한 특권들을 사탕발림 같은 죄와 바꾸었지
소중한 시간들을 버리고 들뜬 채 혼란스럽게 보냈던 너,
사람들에게 이용당할까 두려워 방어의 벽만 높게 쌓았지

내 멍에를 메고 내 옆에서 걸어가렴
내가 너의 아픈 마음을 고쳐주고 눈물을 닦아주마

너를 결코 떠나지도 않고 등을 돌리지도 않으마
밤에는 너를 지키고 낮에는 너를 인도하리라

지치고 연약한 네가 힘들고 무거운 짐을 졌구나
난 혼자라는 것이 어떤 느낌인지 이해할 수 있어
너를 사랑하게 해준다면 나는 네 짐을 기꺼이 지리라
네 어깨에 팔을 두르고 네 마음에 고향을 주마

그리스도께 나아올 때, 그분의 멍에를 메고 그분 옆에서 걸을 때 우리의 삶은 비로소 주님과 연결된다. 그때 재미있는 일이 일어난다. 우리를 짓누르던 멍에는 쉬워지고 무거웠던 짐은 가벼워지는 것이다.

그리스도인의 삶이 무겁게 보인다면, 그것은 삶에 대해 잘못된 정의를 내리고 있기 때문이다. "그리스도인이 된다는 것은 정말 지겨운 일이야." 그렇게 생각한다면 기독교의 진짜 알맹이는 이미 놓친 것이다. 그것은 잘못된 멍에를 메고 있는 것과 같다.

예수님은 "내게로 오라 나의 멍에를 메고 내게 배우라"고 말씀하셨다. '배운다'는 말은 헬라어로 '훈련받는다'는 의미를 가진 말에서 왔다. 당신은 예수님께 훈련받은 경험이 있는가? 주님의 가르침을 받은 적이 있는가? "내게 오라"는 주님의 초청을 생각하면서 이것을 묵상해보라. 주님께 올 때 그분과 그분의 인격과 연결되는 것을 이해할 수 있을 것이다. 그분의 인격을 이해하는 것은 그리스도인으로서의 삶을 사는 데 절대적으로 중요하다.

다시 한 번 그 말씀을 주의 깊게 살펴보라. "나는 마음이 온유하고 겸손하니 나의 멍에를 메고 내게 배우라 그리하면 너희 마음이 쉼을 얻으리니 이는 내 멍에는 쉽고 내 짐은 가벼움이라 하시니라"(마 11:29-30).

그리스도인의 삶은 편하고 가벼워야 한다는 사실을 알았을 때, 그것은 내가 알게 된 가장 놀라운 계시 가운데 하나였다. 절대로 착각하지 말아야 할 사실은, 우리는 비록 전쟁의 한가운데 있지만 우리의 적은 하나님이 아니라는 것이다. 사탄의 세력과 전쟁하는 것이지, 하나님과 전쟁하는 것이 아니라는 말이다. 실제로 예수 그리스도의 명령이 마음에 짐이 된다면, 그것은 그리스도인의 삶의 요지를 놓친 것이다.

지금 나르고 있는 짐이 너무 무겁다는 것은 무슨 의미인가? 같이 져야 할 멍에의 절반만 진 채, 트레이너와 보조를 맞추지 않고 너무 빨리 가든지 너무 늦게 가고 있다는 말이다. 지도자와 서로 다른 방향으로 당겨대고 있는 것이다. 하나님은 때때로 내가 하나님이 원하시는 것보다 앞서려 했다는 사실을 알고 계신다. 더러는 내가 멈추려 했거나 지체하려던 때도 있었다.

하나님보다 더 빨리 뛰려고 했던 적이 있는가? 주님이 "가자"고 하셨을 때, "안 됩니다. 주님, 오늘은 안 됩니다. 못하겠어요. 이번에는 못하겠습니다"라고 꾸물거렸던 적은 없는가? 그러나 그렇게 한다면 목만 아플 뿐이다.

그리스도인은 종종 "안 됩니다, 주님"이라고 말한다. 그러나 결과적으로 이 말은 서로 모순되는 말이다. '안 됩니다' '주님', 이 두 말은 절대로 같이 사용되어서는 안 된다. 그분이 주님이라면, 그분 말씀에 대한 오직 한 가지 바른 대답은 "예, 주님"이라는 말뿐이다.

당신도 주님보다 더 빨리 가려고 했던 적이 있었고, 주님께 저항하려고 했던 적도 있었다. 그렇지만 주님이 "이제 가자"고 말씀하셨을 때 놀라서 "주님, 안 됩니다"라고 말해서는 안 된다.

그때는 목이 아플 것이라고 말해주고 싶다. 절대로 그렇게 해서는 안 된다. 주님은 이렇게 말씀하시지 않는가. "나는 마음이 온유하고 겸손하니 나의 멍에를 메고 내게 배우라."

주님께 배우는 가장 좋은 것은 인격적인 특성이다. 그분은 왕 중의 왕이시며 만군의 주시다. 그분은 전지 전능한 하나님이시다. 그런데도 그분은 온유하고 겸손하시다. 그러니 우리가 어떻게 그분보다 덜 그럴 수 있겠는가?

주님을 닮음

"우리가 그분보다 덜 그럴 수 있을까?" 이것은 마태복음 10장 25절 말씀을 읽을 때마다 내 마음속에 떠오르는 질문이다. 그 말씀은 내가 처음 읽었던 그 순간부터 내 마음에서 떠나지 않는 아픔이었다. 예수님은 이렇게 말씀하셨다. "제자가 그 선생 같고 종이 그 상전 같으면 족하도다."

이 말씀을 기억하는가? 이 말씀은 당신 마음속에도 붙박혀 있는 말씀인가? 정말 그 말씀 같기만 하다면 얼마나 좋을까?

아무리 가져도 만족함이 없이, 언제나 더 많은 것이 필요하다고 강조하는 오늘날의 소비 만능 문화 속에서, 이 말씀은 참으로 놀라운 생각이다.

무더운 여름날, 타는 듯한 갈증을 느껴 그야말로 차가운 물 한 잔을 들이켰을 때의 느낌을 기억하는가? 추수 감사절의 포만감을 느끼게 해주었던 한 끼 식사를 기억하는가?

그러나 물질적인 소유로는 절대로 참된 만족을 경험할 수 없다. 그것 없이는 못 살 것 같은 마음에, 법석을 떨며 쇼핑을 하고나서 필요 이상의 지출 때문에 때늦은 후회를 해본 적이 있는가?

예수님은 자신과 같기만 하면 우리에게 족할 것이라고 말씀하신다. 그것은 우리에게 완전한 만족과 가슴 깊은 곳까지 다다르는 평화로운 안식을 가져다준다. 우리 영혼 깊은 곳에 위안을 주며, 피곤에 찌든 마음을 쉬게 해줄 것이다. 하나님은 우리에게 예수님을 개인 트레이너로 보내주시며 이것을 약속해주셨다.

1875년 8월 1일 매사추세츠 주 뉴톤 시의 메트로폴리탄 성막에서, 위대한 설교자 찰스 스펄전(Charles Spurgeon)은 예수님을 따를 때의 유익함을 설명하는 거의 완벽에 가까운 메시지를 전했다. '지도자의 선택(The Choice of a Leader)'이라는 제목의 그 설교에서 내가 가장 좋아하는 부분은 다음과 같다.

"우리의 구원자이신 예수님의 위대함과 그 사랑의 빛과 무한히 헌신적인 모습은 언제나 우리를 압도합니다. 예수님은 자신을 드러내심으로써 믿음을 보여주셨습니다. 그분은 하나도 거리낌 없이 말씀하셨으며, 참으로 온유하셨습니다. 참으로 담대하셨으며, 정말로 친절한 분이셨습니다. 그러면서도 단호함과 부드러움을 동시에 가진 분이셨습니다(나는 이 부분이 좋다).

그분은 투명한 진실 속에서 생각과 감정을 숨김없이 나타내셨으나, 동시에 신중하셨고, 흠 없는 지혜로 스스로를 지키셨습니다.

여기 가장 훌륭한 조화가 있습니다. 그들이 아무리 주님을 공격하더라도 그분은 결코 경계하지 않으셨으며, 그 무리 가운데 거룩한 아기 예수로 계셨습니다. 당신이 예수님 발치에 앉는다면 그분의 가르침은 당신을 압도할 것입니다(이 대목이 나는 가장 좋다)! 주님 자체가 가장 훌륭한 교훈이시기 때문에 당신은 그분께 배우게 될 것입니다."

안식의 비결은 봉사와 예수님 옆에서 일하는 것과, 그분께 배우는 것과 훈련받는 것에 있다. 그 비결은 예수님 바로 그분께 있다. 스펄전이 말한 것처럼, "주님 자체가 가장 훌륭한 교훈이기 때문"이다. 그 결과, 우리는 영혼과 존재의 가장 깊숙한 곳에 깊고 영원한 평화와 놀라운 '안식'을 갖게 된다. 일이라는 상황에서 평안을 찾는 것, 그리고 멍에를 메는 상황에서 안식을 찾는 것. 이 패러독스는 기독교가 가진 신비스러움의 하나다. 이 놀라운 패러독스를 경험하기 위해 할 수 있는 일이란 바로 그리스도의 초청을 받아들이는 것이다.

예수님을 만날 수 있도록, 그리고 그분의 초청을 받아들였을 때 무슨 일이 일어나는지 알 수 있도록 여기 이야기 하나를 소개한다.

유럽에서 가장 웅장한 파이프 오르간이 있는 아름다운 석조 건물의 성당이 있었다. 어느 토요일 오후, 성당 관리인은 건물 뒤편 발코니에 있는 맨 위층 성가대석을 마지막으로 점검하고 있었다. 모든 문이 잠겨 있고 주위에는 아무도 없다고 생각했던 그는 발코니에 이르는 좁은 돌계단에서 나는 발자국 소리를 듣고 깜짝 놀랐다. 별안간 다 낡은 옷을 입은 한 사람이 불쑥 나타났다.

낯선 방문객이었다. "실례합니다. 저는 아주 먼 곳에서 이 오르간과 성당을 보러 온 사람입니다. 오르간을 자세히 볼 수 있도록 좀 열어봐도 되겠습니까?"

관리인은 처음에 그 부탁을 거절했다. 그러나 낯선 방문객이 너무나 간절히 졸랐기 때문에 허락하지 않을 수 없었다. 그 사람은 오르간의 건반을 하염없이 바라보더니 주저하면서 말했다.

"오르간 의자에 좀 앉아볼 수 있을까요?"

"절대로 안 될 말이오." 관리인은 손을 내저었다. "오르간 주자가 와서 당신이 거기 앉아 있는 걸 보면 어떻게 하려고요? 나는 쫓겨나고 말 거예요."

그러나 그 방문객이 하도 간절히 조르는 바람에 관리인은 마지못해 승낙하고 말았다. "좋습니다. 그런데 아주 잠시 동안만이오."

그 사람이 오르간 의자에 앉는 폼이 아주 익숙해 보여 관리인은 몹시 의아했다. 그래서 그가 오르간을 한번 쳐볼 수 없겠느냐고 물어왔을 땐 별로 놀라지 않았다. 그리고 그렇게 부탁하는 그의 말을 가로막았다.

"말도 안 돼요. 절대로 안 됩니다. 당신은 오르간을 쳐서는 안 돼요. 그 건반을 만지는 것도 큰일나는 일이오. 이 성당의 오르간 주자 외에는 아무도 칠 수 없습니다."

그 사람은 고개를 떨구었다. 얼굴에는 깊은 실망의 빛이 역력했다. 그러고는 자신이 얼마나 멀리서 왔는지 상기시키며, 아무런 피해도 없을 거라고 관리인을 안심시켰다. 관리인은 결국 마음이 약해졌다. 그리고 오르간을 친 다음에는 곧장 떠나라고 주의를 주며 연주를 허락했다.

그 사람은 뛸 듯이 기뻐하며 건반 위에 사랑스러운 자태로 손가락을 올려놓았다. 갑자기 성당 안은 관리인이 들어본 어떤 것보다 아름다운 음악으로 가득 차기 시작했다. 그 소리를 타고 관리인은 천국으로 날아가는 것만 같았다. 그 소리는 성당 기둥을 울리고 창문을 흔들었다. 어떤 음악이나 메시지보다 강력한 힘으로 관리인의 마음을 감동시켰다. 관리인은 지금 자기가 듣고 있는 멜로디가 너무나 숨막힐 듯이 아름다워, 어디선가 천사들의 합창단이 나타나 함께했으면 하는 마음까지 생길 정도였다.

잠시 후 그 초라한 방문객은 시작할 때처럼 돌연 연주를 멈췄다. 그리고 오르간 의자에서 미끄러지듯 내려와 계단을 내려갔다.

관리인은 큰 소리로 외쳤다. "이봐요, 기다려봐요. 이건 내가 들어본 음악 중에 가장 아름다운 음악이었소. 도대체 당신은 누구요?"

그러나 그 낯선 이는 좁고 어두운 계단을 내려가 총총히 사라졌다. 관리인은 그를 쫓아 성당 문을 열고 햇빛이 쏟아지는 마당으로 서둘러 뛰어갔다. 이미 거기에는 성당에서 들려오는 웅장한 음악을 듣고 한 무리의 사람들이 모여 있었다.

"왜 미리 말해주지 않았습니까?" 관리인이 나타나자 한 남자가 따지듯 물었다.

"뭘 말입니까?" 관리인은 의아하다는 듯이 물었다.

"멘델스존이 여기 있었다는 것 말입니다." 흥분한 그 남자가 대답했다. "나는 연주를 듣고 내 귀를 의심했소. 간신히 내가 도착했을 땐 여기를 떠나는 그의 뒷모습밖에 볼 수가 없었단 말이오. 그 사람은 사람들 속으로 사라져버렸소. 그렇지만 분명히 멘델스존이었소. 펠릭스 멘델스존(Felix Mende-lssohn) 말입니다."

성당 관리인에게 간곡하게 연주를 청했던 그 초라한 방문객은, 바로 19세기의 가장 위대한 오르간 주자요 작곡가였던 펠릭스 멘델스존이었던 것이다.

사람들이 뿔뿔이 흩어진 후에도, 경외감에 압도된 관리인은 그 자리를 떠날 수 없었다. 아름다운 오르간 소리가 아직도 귓가에 울려퍼지고 있었다. 그리고 속으로 되뇌였다. "이런 세상에나! 난 거장의 연주를 방해할 뻔했어."

예수님이 바로 그 거장이다. 그분은 음악을 쓰신 분이다. 그분이 원하시는 것은 성당에서 자신의 음악을 연주할 수 있도록 해달라는 것이 전부다. 그 음악이란 바로 우리 자신의 삶이며, 그분의 요청은 바로 우리의 삶을 사용하시겠다는 것이다.

"내게 오라." 주님은 말씀하신다. "우리가 얼마나 빨리 가야 하는지 알려주마. 어떤 방향으로 가야 하는지도 가르쳐주마. 내가 네게 주는 영혼의 안식보다 더 나은 안식은 어디에도 없단다. 지치고 힘들고 무거운 짐을 지고 있다면 내게 오라. 나는 혼자라는 것이 어떤 느낌인지 잘 알고 있단다. 너를 사랑하도록 허락해준다면, 내가 네 짐을 져주마. 네 어깨에 팔을 두르고 네 마음에 고향을 주마."

그분의 초청을 받아들일 때 비로소 우리는 그분과 연결된다. 그분의 제자가 되는 것이다.

제자도의 핵심

제자가 된다는 것은 어떤 의미인가? 주님은 헌신된 제자의 7가지 구체적인 특징을 이렇게 설명해주신다.

하나, 예수님을 향한 비길 데 없는 최고의 사랑
둘, 하나님의 말씀에 대한 정기적인 공부와 헌신
셋, 우리 자신을 삶의 권위와 초점으로 삼는 것에 대한 포기
넷, 복종의 삶과 십자가에 대한 희생
다섯, 그리스도의 강력한 리더십에 대한 충성
여섯, 우리의 소유물에 대한 참된 소유권의 인식
일곱, 다른 사람들에게 그리스도의 사랑을 반영함

앞으로 우리는 이 7가지 특징과 함께 그것을 우리 삶에 어떻게 적

용할 것인지 살펴볼 것이다.

최근에 나와 함께했던 한 강사는 이렇게 말한 적이 있다. "예수님의 이름이 굉장히 자주 나오는데도, 그분의 삶과 가르침의 내용이 이렇게 무시되어온 시대는 역사적으로 그 전례를 찾아보기 어렵다."

이 책에서는 절대로 그분의 가르침을 무시하지 않을 것이다. 주님의 가르침에 집중하면서 공부하고 배워갈 것이다. 나는 제자도에 초점을 맞추고 지냈던 지난 20년 동안 주님의 가르침으로부터 발견한 진리들을 나누고 싶다. 내가 받은 축복 가운데 하나는, 그분이 어떤 분인지 아는 일로 평생을 살 수 있도록, 그리고 내가 배운 것을 다른 사람들에게 전달할 수 있도록 격려해주는 신학교에서 일하고 있다는 것이다.

아리스토텔레스는 이렇게 말했다. "목표가 무엇인지 분명히 알면 그 표적을 맞출 기회는 훨씬 커진다." 옳은 말이다. 이 말은 나에게, 화살을 쏜 아들과 그 아버지의 이야기를 떠올리게 한다. 아들이 쏜 화살은 모조리 표적의 중심원에 꽂혀 있었다. 부모는 아들의 활 솜씨에 감동받아 말했다. "어떻게 모든 화살이 원의 중심을 맞출 수 있지?" 아들의 대답은 기막힌 것이었다. "아, 그건 정말 쉬웠어요. 먼저 상자에 화살을 쏜 다음, 화살이 꽂힌 주변에 원을 그렸어요."

우리 주변에도 먼저 화살을 쏜 다음, 화살이 꽂힌 주변을 따라 원을 그려넣고는 "해냈다. 목표를 달성했다"고 생각하는 사람이 많다. 문제는 목표가 무엇이었는가 하는 것이다.

우리의 목표는 이것이다. "예수께서 나아와 말씀하여 이르시되 하늘과 땅의 모든 권세를 내게 주셨으니 그러므로 너희는 가서 모든 민족을 제자로 삼아 아버지와 아들과 성령의 이름으로 세례를 베풀고 내가 너희에게 분부한 모든 것을 가르쳐 지키게 하라 볼지어다 내가 세상 끝날까지 너희와 항상 함께 있으리라 하시니라"(마 28:18-20).

예수님이 우리에게 "오라"고 초청하신 다음에, "가라"고 명령하신 것을 기억하는가? 우리는 지금 훈련 중에 있는 제자들이다. 우리는 주님과 같아지기 위해 배우고 있다. 우리는 세상에 나가 말로만이 아니라 살아가는 방식을 통해 복음을 전할 준비가 되어 있다.

그러나 그렇게 하기에 앞서 훈련을 마쳐야 한다. 제자도의 7가지 특징을 공부하고 우리 스스로에게 그것을 적용하고, 우리 안에 그 특징들이 자랄 수 있도록 양육해야 하는 것이다.

그리고 그중에 제일은… 이다.

토론 문제

1. 황소와 멍에의 비유를 생각하면서, 마태복음 11장 28-30절 말씀을 잠깐 동안 묵상하라. 예수님은 당신의 방향과 속도를 어떻게 조정하기 원하신다고 생각하는가?

2. 그리스도인의 삶이 전쟁이라면, 예수님이 멍에가 쉽고 가볍다고 말씀하신 이유는 무엇인가?

3. 자신을 짓누르는 압박감이 버거워 하나님의 안식이 필요한가? 그런 압박감은 어떤 것들인가?

4. 많은 사람들, 특히 남자들에게서 온유와 겸손은 왜 찾아보기 어려운 성품인가? 또 그 성품이 당시 종교 지도자들과 대조되는 예수님만의 성품이었다면, 남성과 여성이라는 정체성을 유지하면서 그 성품들을 내면화시킬 수 있는 방법은 무엇인가?

5. 마태복음 10장 24절과 누가복음 6장 40절을 읽으라. 우리의 교사이신 예수님이 당신을 어디로 인도하실지 생각하며 잠시 묵상하라. 그분은 당신을 제자 삼기 위해 어떻게 변화시키실 것 같은가? 당신이 닮고 싶은 모습은 무엇인가?

2장
아주 특별한 사랑

주님이 기대하시는 방법으로 그분을 사랑하기 위해 우리는 주님을 향한 우리의 사랑을 우리 삶의 중심에 두어야 한다. 우리는 사랑한다고 말하는 그 이상을 해야 한다. 그 사랑을 보여주어야 한다.

제자도의 핵심 1

예수님을 향한 비길 데 없는 최고의 사랑

내 삶의 진실된 사랑인 아내 바비와 나, 우리 둘은 상당히 젊었을 때 결혼했다. 바비는 피닉스 기독고등학교 3학년 때였고, 나는 피닉스의 한 병원에서 X선과 기사로 훈련받던 대학 2학년 때인 1969년 우리는 교제를 시작했다.

아내의 부모님은 선교사였고, 그녀는 고등학교를 마치고 대학에 진학하기 위해 선교지였던 아르헨티나에서 막 돌아왔을 때였다. 바비의 부모님은 아르헨티나에서 돌아오기 전까지 2년 동안 바비를 조부모님에게 맡겼다. 후퍼 할아버지와 그린 할머니는 손녀딸을 맡아 기르는 것을 매우 조심스러워해서 상당히 보호적인 입장을 취하셨다. 물론 그것은 당연한 일이었다. 조부모님들은 바비가 고등학교를 졸업하고 대학에 들어갈 때까지는 어떠한 이성 교제도 허락하지 않고 잘 감시(?)하는 것을 당연히 할 일로 여기셨다.

바비가 미국에 온 지 이틀째 되던 주일 밤 예배 후, 중·고등부 모임에서 그녀를 처음 만났을 때만 해도 바비의 조부모님은 앞으로 어떤 일이 일어날지 짐작조차 못하셨을 것이다. 우리의 첫 만남은 그 다음 주 목요일에 있었던 구제 선교 예배에 참석하는 것으로 시작되었고, 이틀 후에는 근처 공원에서의 데이트로 발전했다.

월급으로 75달러를 받던 X선과 실습생이었던 나는 부모님과 함께 살고 있었다. 내 스스로 차와 아파트 월세를 조달할 수 없었기 때문이었다. 대부분의 시간을 병원에서 보냈기 때문에 바비를 위한 선물은 병원 내 선물 가게를 이용했을 정도였다. 병원 선물 가게에서 일하는 헌신적인 사람이 있다면 그들에게는 다소 미안한 일이지만, 솔직히 말해서 병원 선물 가게의 바가지 요금은 둘째 가라면 서러워할 정도였다. 조금 과장한다면 거의 시중 가격의 여덟 배 정도까지 비쌌다! 도저히 병원에서 빠져나갈 수 없는 상황이라 울며 겨자 먹기로 그 가게를 이용할 수밖에 없었다. 병원 자선 단체를 돕는다고 자위하면서 말이다.

그것이 바로 내 처지였다. 물건값이 무척 비쌌지만 사랑에 눈먼 나는 그해, 그 가게에서 파는 거의 모든 종류의 선물을 하나씩 바비에게 사주었고 심지어 어떤 것은 세 개씩 사준 것도 있었다. 물건값은 월급에서 공제되었기 때문에 나는 전혀 돈을 벌지 못했다. 바비를 위해 그

가게에서 터무니없이 비싼 선물을 샀기 때문이었다.

나로서는 희생이었지만 나는 바비를 위해 선물을 사주고 싶었다. 그것은 내가 그녀를 어떻게 느끼는지 보여주는 한 방법이었다.

또 다른 하나는 그녀에게 짧은 편지를 쓰는 것이었다. 그때 나는 차가 없었기 때문에 매일 병원에 갈 때 아버지 차로 출근하면서 아버지를 직장에 모셔다드리고, 저녁에 돌아오는 길에는 다시 아버지 직장에 들러 아버지를 모시고 집으로 돌아왔다. 주님의 섭리 가운데 아버지는 바비가 다니는 피닉스 기독고등학교에서 근무하셨다. 그녀가 자기 사물함 비밀번호를 가르쳐주었기 때문에, 나는 그곳에 내 편지를 남겨두고 나에게 남겨진 그녀의 편지도 가져올 수 있었다. 문제가 있었다면, 그녀가 그날 밤 전화 통화에서 편지 내용을 거듭 이야기해 다소 중복되었다는 것 정도다. 그렇지만 나는 개의치 않았다. 우리는 서로 사랑했기 때문에.

그녀와 더 깊고 진지한 연인 사이가 되고 싶었을 때, 나는 연애 편지를 좀 더 근사하게 시작하려고 애썼다. 그래서 'Dear Sweatheart!'라고 썼다. 그 첫 편지를 보냈을 때 그녀는 전화로 'Sweatheart'가 무슨 말인지 물었다. 나는 창피해서 죽을 뻔했다. 'Sweetheart'를 'Sweatheart'로 철자를 잘못 적은 것도 몰랐던 것이다.

그후로부터 지금까지 그녀는 내게 똑똑한 교정 선생님 역할을 해주고 있다. 그러나 그때 우리는 사랑에 빠져 있었기 때문에, 돈 쓰는 것이나 맞춤법 틀리는 것쯤은 아무 문제도 되지 않았다. 함께 보내는 긴 시간, 선물을 주고받는 것, 편지와 전화 통화, 서로에게 관심과 존경을 보여주는 것, 서로를 중요하게 생각하는 것, 그리고 친밀감과 기쁨을 나누는 것만이 우리에게 중요한 일이었다. 서로에 대한 깊은 헌신을 확인했을 때 우리는 서로가 아닌 다른 사람과의 교제나 데이트를 만들지 않았다.

오늘날 나에게 이 세상에서 가족보다 더 중요한 존재는 없다. 바비와 조쉬, 그리고 제레미는 주님과의 관계를 제외하고는 내 삶의 유일한 의미다. 물론 주님과의 관계는 말할 수 없이 중요한 관계다.

최상의 사랑

배타적인 관계는 제자도가 무엇인지 단적으로 보여주는 말이다. 예수님은 우리에게 제자가 되려면, 어느 누구보다 그리고 그 어떤 것보다 예수님을 더 사랑해야 한다고 말씀하신다. 주님에 대한 우리의 사랑은 반드시 최상의 것이어야 한다. 마태복음 10장 37절에서 주님은 이 권면을 아주 분명히 하셨다. "아버지나 어머니를 나보다 더 사랑하는 자는 내게 합당하지 아니하고 아들이나 딸을 나보다 더 사랑하는 자도 내게 합당하지 아니하며."

주님이 제자들에게 기대하는 사랑을 설명할 때 가족 관계를 예로 드신 것은 우연이 아니었다. 대체로 특별한 문제가 없는 한, 가족 관계는 누구에게나 가장 가까운 사랑의 관계다. 그런데도 주님은 사랑하는 가족들 그 어느 누구보다도 주님을 더 사랑하라고 명령하셨다.

주님에 대한 사랑 때문에 우리는 가족과 분리되어 있다는 느낌을 받을 때가 있다. 그런 느낌은 그리 드물지 않다. 예수 그리스도를 알게 되었을 때, 다른 가족들이 그것을 이해하지 못해 호의적인 태도를 보여주지 않았던 경험도 있을 것이다. 한 발 뒤로 물러나, 마태복음 10장 37절 앞에 있는 말씀을 살펴본다면, 예수님이 그런 가능성을 충분히 예상하셨던 것을 알 수 있다. 예수님은 이렇게 말씀하셨다.

"누구든지 사람 앞에서 나를 시인하면 나도 하늘에 계신 내 아버지 앞에서 그를 시인할 것이요 누구든지 사람 앞에서 나를 부인하면 나도 하늘에 계신 내 아버지 앞에서 그를 부인하리라 내가 세상에 화평을 주러 온 줄로 생각하지 말라 화평이 아니요 검을 주러 왔노라 내가 온 것은 사람이 그 아버지와, 딸이 어머니와, 며느리가 시어머니와 불화하게 하려 함이니 사람의 원수가 자기 집안 식구리라"(마 10:32-36).

가족의 반대에도 불구하고 사랑함

때때로 주님을 향한 우리의 사랑에 대해 가장 적대적인 사람은 우리와 함께 사는 가족들이다. 이것은 가족들의 믿음과 이해가 부족하기 때문일지도 모른다. 그들은 우리가 주님과 주님의 사역에 시간을 드리기로 한 것에 대해 질투하고 있는지도 모른다. 또 결코 느끼게 해주고 싶지 않았던 죄책감을 스스로 느끼고 있는지도 모른다. 그런 일이 없는데도 우리가 "난 너희들보다 거룩해"라고 생각하며 그들을 깔본다고 생각할지도 모른다.

예수 그리스도께 집중하면 할수록 부모님들은 우리가 그들을 소홀히 대하거나, 연로해가는 그들을 궁핍하게 내버려두지 않을까 염려한다. 자녀들이 예배를 드리거나 주님을 섬기고 봉사하느라 손자들과 함께 보낼 시간을 빼앗긴다는 생각에 화를 낼지도 모른다. 어쨌든 그들은 그런 피해 의식과 염려 때문에 주님을 향한 우리의 헌신에 대해 화를 낸다.

이런저런 방식으로 가족들은 전심으로 주님을 따르는 제자가 되는 것을 방해하는 압력을 넣는다. 특히 하나님의 뜻을 놓고 서로 상반된 의견을 보일 때, 가족은 '적'으로 둔갑하기도 한다. 이것이 바로 자신의 상황이라면 그것이 혼자만의 상황이라고 생각하며 힘들어할 필요는 없다. 실제로 2천 년 동안 계속된 일이기 때문이다. 그것이 바로 예수님이 우리에게 경고하신 이유다. "내가 세상에 화평을 주러 온 줄로 생각하지 말라 화평이 아니요 검을 주러 왔노라."

그리고 계속되는 말씀에서, 예수님이 미가서 7장을 인용하신 이유이기도 하다. "아들이 아버지를 멸시하며 딸이 어머니를 대적하며 며느리가 시어머니를 대적하리니 사람의 원수가 곧 자기의 집안 사람이리로다."

당신은 이렇게 생각할지 모른다. "아니, 예수님은 지금 무슨 말씀을 하시는 거지? 난 그분이 평화의 왕이라고 생각했는데, 지금 그분은 가족들을 화해시키기보다는 갈라놓기 위해 오셨다는 말씀 아닌가?" 더 오해가 쌓이기 전에 이 부분을 좀 더 자세히 살펴보자.

예수님이 인용하신 미가서 부분은, 이스라엘이 자기들의 죄 때문에 바벨론에 70년간 포로로 잡혀갈 것이라는 미가의 예언에 하나님의 백성이 어떻게 반응할 것인가를 말해주는 구절이다. 그들 가운데 일부는 미가의 말을 믿었다. 그러나 믿지 않은 다른 사람들도 있었다. "아니야. 하나님이 우리에게 그렇게 하실 리 없어. 우리는 다른 대답을 찾을 거야."

믿었던 사람들은 이렇게 말했다. "그것만이 유일한 대답이며 하나님의 계획이야. 우리는 하나님의 징계를 받아 마땅하고 그것을 회복하기 위해서는 하나님을 믿어야 해."

믿지 않았던 사람들은 반박했다. "그것은 불가능해. 하나님이 우리를 벌 주시기 위해 죄 있는 백성들을 사용하실 리가 없어. 그러나 만약의 경우를 대비해 애굽 사람들을 시켜 우리를 돕게 하겠어."

믿는 자들은 대답했다. "미안하지만 그건 아무 소용없을 걸."

"그래? 그렇다면 우리는 앗수르와 동맹을 맺을 거야. 그들이 비록 철천지 원수였지만 말이야."

"안 돼. 그것도 소용없을 걸."

"그렇다면 우리는 그냥 여기 앉아서 기다릴 거야."

"그리 오래 걸리진 않을 것이다." 선지자는 대답했다.

하나님은 자기 백성을 벌하실 계획을 세우고 계셨다. 그들에게 벌이 다가오고 있다고까지 말씀하셨다. 그렇지만 그들 가운데 어떤 사람들은 그 말씀을 믿지 않았다. 하나님의 계획에 대한 의견 차이가 많은 가족들을 갈라놓았다.

예수님은 그 어떤 사랑보다 더 큰 최상의 사랑으로 그분을 사랑할 때, 그 사랑이 우리의 가정과 다른 관계를 칼처럼 가르며 믿지 않는 자들로부터 우리를 갈라놓을 것이라는 사실을 설명하기 위해 구약의 말씀을 인용하셨다.

오해가 없길 바란다. 예수님은 각 가정의 모든 구성원이 그분을 신실하게 믿으며, 헌신된 제자로서 따르기를 원하신다. 그렇지만 현실적으로 모든 사람이 다 믿는 것은 아니다. 그리고 예수님을 자기의 가장 높은 우선순위로 정하고, 그분을 따르는 가족 구성원의 깊은 헌신을 다른 가족들이 다 이해하는 것도 아니다. 믿지 않는 사람들은 예수님의 '검'으로 스스로를 분리시키며 예수님을 따르기로 작정한 다른 가족 구성원과 사이가 벌어진 자신을 발견하게 된다.

예수님은 이런 고통스런 분열이 있을 것이라고 경고하셨다. 그분은 우리가 무방비 상태로 이런 상황을 맞기 원하지 않으셨다. 아무리 가까운 사람이라도 예수님을 향한 우리의 헌신에 동의하지 않는다면 반대자가 될 수 있다고 말씀하셨다. 그들은 하나님의 목적과 영광을 위해 하나님이 우리 가운데 계속 거하시는 것을 방해함으로써 우리를 반대한다.

예수님을 다른 모든 것보다 더 사랑하는 법을 배울 때 가족 구성원들의 반대가 유일한 장애물은 아니다. 마태복음 10장은 제자로서 다른 유형의 위협적인 반대가 있을 수 있다고 말한다. 이 가능성 하나하나를 살펴보면서, 예수님은 우리에게 어떻게 반응하라고 하시는지 살펴보자.

잘못된 인식에도 불구하고 사랑함

예수님 당시, 여론을 주도하는 지도자들은 예수님이 어떤 분인지를 잘 이해하지 못했다. 마찬가지로 오늘날 우리 사회의 여론을 주도하고 있는 사람들은 세상의 구주인 예수님의 정체성을 말해주는 성경의 기록과 예수님의 주장을 무시하는 경향이 있다. 예수님을 잘못 인식함으로써, 그분의 제자들을 향해 언어적인 폭력을 행사하거나 진리가 아닌 사악한 것들로 공격적인 자세를 취하기도 한다. 또 수치심을 느끼게 하는 비난과 조롱의 시위를 벌이기도 한다.

예수님은 우리에게 강력한 위협이 닥칠 것임을 기억하라고 도전을 주셨다. 예수님을 바알세불과 연관시키며 능욕했을 때, 그분은 우리를 위해 모범을 보여주셨다(마 12:24, 27).

바알세불은 블레셋의 파리들 중 가장 우두머리였고, 이스라엘 사람들은 파리가 꼬이는 들판의 배설물을 가리키며 블레셋 사람들을 언제나 조롱했다. 시간이 흐르면서, '바알세불'은 사탄을 일컫는 말이 되었고, 누군가를 바알세불과 연관시킨다는 것은 가장 경멸적인 모욕이었다! 그러나 유대인들이 바로 그 단어를 사용해 예수님을 모욕했을 때, 예수님은 아주 침착하게 예리하고도 확신에 찬 몇 말씀으로 그들의 사악한 말을 외면하셨다.

예수님은 언젠가 모든 왜곡된 인식과 진리가 있는 그대로 밝히 드러날 것을 아셨다. 모든 거짓 주장들이 드러나며, 하나님의 심판이라는 예수님의 메시지가 모든 것을 바르게 하리라는 것도 아셨다. 그렇기 때문에 예수님은 그 비난하는 사람들을 참을성 있게 다루실 수 있었다. 따라서 그것 역시 우리가 따라해야 할 일이다.

핍박에도 불구하고 사랑함

이 사실을 분명히 알자. 그리스도를 믿는다는 믿음과 제자로서의 헌신 때문에 우리는 학교에서, 직장에서, 또 이웃에게 핍박을 받을지도 모른다. 예수님도 이런 반대를 매우 잘 알고 계셨다.

다시 말하자면, 예수님은 첫째, 고난이 일시적이라는 사실과 둘째, 하나님이 보시는 믿는 자들의 가치와 셋째, 하나님의 보좌 앞에서 심판받는 장면을 생각나게 해주심으로써 다른 사람들로부터 받는 고난을 견디고 두려움과 맞설 수 있도록 우리를 도와주고 준비시키셨다.

그리스도인에게 일어날 수 있는 이 땅에서의 가장 심각한 상황은 육체의 죽음이다. 그래서 믿지 않는 사람들은 우리에게 최후의 공포인 죽음을 들먹거릴지 모른다. 그러나 신약은 죽음에 대해 상당히 극단적인 견해를 보여주고 있다. 믿는 사람들에게 죽음은 이 땅에서 다음 세상으로 가는 다리 역할을 하는 것이며, 하나님과 함께 있을 영원한 본향으로 가는 첫 번째 발걸음이라고 말하고 있다.

시편 기자가 성도의 죽음이 하나님 보시기에 소중하다고 말한 이유가 바로 그것이다(시 116:15 참조). 그것은 또한 사도 바울이 빌립보인들에게 사는 것도 그리스도로 인함이요, 죽는 것도 유익하다고 고백한 이유다(빌 1:21).

예수님은 우리가 두려움을 극복하고 그것을 이겨낼 수 있도록 돕기 위하여 앞에서 말한 것과 연관이 있는 또 하나의 관점을 가지라고 하신다. 그리스도를 향한 사랑이 지상의 모든 관계를 초월해야 하는 것처럼, 하나님에 대한 두려움도 어느 누구에 대한 두려움보다 커야 한다고 말씀하신다. 왜 그런가? 다른 사람이 우리 목숨을 빼앗는 일은 가장 큰일 중에 큰일이다. 그러므로 하나님은 우리 목숨을 취할 권위가 있으실 뿐만 아니라, 우리 몸과 영혼을 지옥에 보내 영원한 형벌을 받게 하실 수도 있다는 사실을 기억하라. 다른 사람의 협박이 어느 정도인지 상관없이, 하나님에 대한 두려움으로 마땅히 더 많은 일을 하도록 우리에게 동기 부여를 해야 한다!

우리는 하나님을 두려워해야 하지만, 지상의 핍박을 두려워해서는 안 된다. 우리를 제자의 길로 부르시는 예수님의 목소리에 응답할 때, 주님이 주시는 두 번째 격려가 이것이다. 예수님은 주님을 사랑하는 것 때문에 만나는 어떠한 핍박에도 불구하고, 다른 어떤 것보다 주님을 더 사랑하라고 말씀하셨다. 주님은 하나님이 자녀 삼은 우리를 얼마나 소중하게 생각하시는지 알고 안심하라며 "두려워 말라"고 말씀하신다. 하나님이 관여하시지 않는 어떠한 일도 우리에게는 일어나지 않는다. 예수님은 이렇게 말씀하셨다.

"그런즉 그들을 두려워하지 말라 감추인 것이 드러나지 않을 것이 없고 숨은 것이 알려지지 않을 것이 없느니라 내가 너희에게 어두운 데서 이르는 것을 광명한 데서 말하며 너희가 귓속말로 듣는 것을 집 위에서 전파하라 몸은 죽여도 영혼은 능히 죽이지 못하는 자들을 두려워하지 말고 오직 몸과 영혼을 능히 지옥에 멸하실 수 있는 이를 두려워하라 참새 두 마리가 한 앗사리온에 팔리지 않느냐 그러나 너희 아버지께서 허락하지 아니하시면 그 하나도 땅에 떨어지지 아니하리라 너희에게는 머리털까지 다 세신 바 되었나니 두려워하지 말라 너희는 많은 참새보다 귀하니라"(마 10:26-31).

헌신된 제자가 되어 예수님을 따르지 못하게 만드는 가장 큰 장애물은 두려움이다. 그러나 예수님은 하나님이 가장 작은 참새 한 마리조차도 소중하게 생각하신다면, 우리야 더 말해 무엇하겠느냐며 우리를 안심시키신다. 하나님의 계획이나 뜻을 떠나서는 참새 한 마리도 떨어지지 않으며, 한 사람의 제자도 넘어지지 않는다. 그분은 우리에게 무슨 일이 일어나는지 알고 계신다. 그리고 돌보신다. 심지어 머리카락까지도 세신 바 되었다. 물론 사람도 낱낱이 셀 만큼 적은 머리카락을 가진 사람도 있긴 하지만 말이다. 이 말씀을 잘 이해할 때, 즉 하나님이 우리에게 엄청나게 높은 가치를 부여하시고, 우리에게 일어나는 모든 일이 그분의 뜻 가운데서 일어난다는 사실을 알게 될 때, 우리는 하나님이 우리의 삶을 주관하신다는 사실을 믿지 않을 수 없다!

그러니 두려워 말라. 다른 사람이 어떻게 생각할까, 그들이 나를 어떻게 할까 등등 그런 것들이 두려워 주님께 온전히 헌신하는 것을 주저하지 말라. 앞에 놓여 있는 것을 두려워하지 말라. 하나님이 모든 것을 주장하신다. 하나님이 계획하시지 않은 일은 없다. 따라서 우리는 그분의 보호와 통제 밖에 있지 않다. 그분은 우리에게 가장 좋은 것을 원하신다.

두려움 없이 주님을 따르라고 우리를 격려하는 주님의 세 번째 방법은 하나님의 보좌 앞에서 벌어질 미래의 장면을 상기시켜주는 것이다. 주님의 말씀을 들어보라. "누구든지 사람 앞에서 나를 시인하면 나도 하늘에 계신 내 아버지 앞에서 그를 시인할 것이요 누구든지 사람 앞에서 나를 부인하면 나도 하늘에 계신 내 아버지 앞에서 그를 부인하리라"(마 10:32-33).

예수님은 다른 사람 앞에서 예수님을 위해 입장을 분명히 하면, 그분도 하늘에 계신 하나님 앞에서 우리를 위해 입장을 분명히 하겠다고 약속하신다. 그것은 축복이며, 예수님의 이 격려는 축복의 형식으로 우리에게 동기를 부여해준다. 한편으로 이 말은 또한 경고다. 예수님과의 관계를 부인하면, 주님도 하나님의 보좌 앞에서 똑같이 부인하실 것이다. 이 말씀 안에 들어 있는 축복과 경고, 이 둘은 우리에게 도전을 준다.

비길 데 없는 사랑

가족이 원수가 되고 예수님의 칼로 우리의 가장 가까운 관계를 가르시겠다는 마태복음 말씀이 믿기지 않는다면, 다음 말씀을 살펴볼 준비가 아직 안 되었을 수도 있다. 그렇지만 포기하지 말라.

예수님은 그 병행 구절로 이렇게 말씀하셨다. "무릇 내게 오는 자가 자기 부모와 처자와 형제와 자매와 더욱이 자기 목숨까지 미워하지 아니하면 능히 내 제자가 되지 못하고"(눅 14:26).

물론 이런 생각이 드는 것도 무리가 아니다. "아니, 정말 예수님, 너무하셨습니다. 제가 예수님을 더 사랑할 필요가 있다는 말씀은 이해할 수 있습니다. 그렇지만 미워하라는 이 말씀은 도저히 이해할 수가 없습니다. 정말 그 의미는 아니지요, 주님?"

마태복음을 통해 주님은 매우 솔직한 비교를 들어 그분을 사랑하는 방법을 설명하셨다. 어느 누구보다도, 심지어 가장 가까운 식구보다도 주님을 더 사랑해야 한다고 말씀하신 것이다. 누가복음의 말씀에서 예수님은 다른 방법으로 같은 원리를 다시 확인해주신다. 즉, 관계의 대조를 통해서다. 주님을 향한 사랑이 너무 강한 나머지, 다른 사람에 대한 사랑을 대조해보면 마치 미워하는 것처럼 보인다고 말씀하신 것이다.

예수님에 대한 우리의 사랑은 그 어느 것과도 비교할 수 없을 정도로 강해야 한다. 그것은 단연 비길 데 없는 것이다. 따라서 제자로서 첫 번째 특징의 두 번째 핵심 용어는 '비길 데 없는 사랑'이다. 우리는 예수님을 최상의 비길 데 없는 사랑으로 사랑해야 한다.

모든 사람을 버림

아내 바비와 나는 많은 사람이 지켜보는 가운데 1972년 결혼했다. 바비의 부모님은 피닉스 지역에서 유명한 분들이었고, 결혼식을 올렸던 그 교회에 우리 가족도 여러 해 출석했던 터였다. 우리 두 사람 모두에게는 멀리 세인트 루이스로부터 온 친척들이 있었다. 500여 명의 하객들이 우리의 특별한 예식을 위해 모였다. 이렇게 구구절절이 말하는 이유는, 하나님의 축복인 많은 가족과 친구들을 자랑하기 위해서가 아니라 식이 끝난 그날 저녁의 우리 행동과 비교하기 위해서다.

피로연은 체육관에서 열렸다. 들러리를 섰던 친구들은 우리 두 사람을 따라오거나 방해하려는 무리로부터 얼른 빠져나올 수 있도록 우리 차를 살짝 바꿔놓았다. 모든 것은 잘 준비되었다. 우리 둘은 사람들과 악수를 했는데 마치 그것은 영원처럼 느껴졌다. 심지어 나는 사람들과 악수를 하면서 점잖게 그들을 당겨 옆으로 살짝 밀어두는 식으로 하고 있었다. 짐작하겠지만, 나는 가급적 빨리 신부를 데리고 그곳을 뜨고 싶은 생각뿐이었다. 결혼식이 끝나고 첫날밤이 코앞에 있었던 것이다. 그야말로 신혼 여행지 '캘리포니아로 출발! 디즈니랜드를 향해 앞으로 갓!' 바로 그것이었다.

훗날 그 일을 떠올리며 이런 생각이 들었다. 모르는 사람이 그날 밤 우리를 보고 있었다면, 열심히 일해서 번 돈으로 선물을 사들고 축하하러 온 하객들을 신랑 신부가 전혀 배려하지 않았다고 결론 내릴지도 모르겠다. 우리는 먼 데서 온 사람들에게 작별 인사도 하지 않고 떠나버렸던 것이다. 우리 둘의 신경은 온통 서로에게만 집중되어 있었다. 상대적으로 다른 사람은 전혀 중요하지 않았다. 젊은 혈기와 미숙함 때문일 수도 있다. 그러나 그렇게 된 가장 중요한 이유는 서로를 위해 다른 사람을 버리는 사랑에 있었다.

"아버지, 어머니, 저는 정말 우울해요. 부모님 집에서 21년이나 살아왔는데, 오늘 밤엔 그 집에서 잠을 자지 않게 되었어요. 그 많은 날들 동안 사랑과 후원으로 이끌어주신 점, 정말 감사드려요." 그런데 나는 부모님께 이렇게 말하지 않았다. 사실 나는 어떤 것에도 관심이 없었다. 누가 내 침대를 쓰든지 아무 상관이 없었다. 친척에게 팔든지 어떻게 하든지 아무렇지도 않았다. 다만, 나에게 상관있는 것은 바비와 함께 있는 것뿐이었다.

누군가 그날 밤 내 모습을 평가했다면 이렇게 말했을 것이다. "당신은 가족을 미워하는군요." 맞는 말이다. 가족에게 원한을 품었다는 말이 아니라 예수님이 사용하신 성경적인 의미로서 그것은 맞는 말이다. 바비를 향한 나의 사랑은 너무나 강해서 다른 것은 거의 두 번째나 세 번째 아니면, 그 이하의 것으로 보였다. 그것은 예수님이 누가복음 14장 26절에서 말씀하셨던 그런 사랑과 미움의 관계였다.

그것은 성경 전체를 통해 설명하고 있는 사랑과 미움의 관계를 비교한 것과 같다. 가장 먼저 나오는 것은 창세기의 예화다. 야곱은 너무나 라헬을 사랑했기 때문에 그녀와 결혼하려고 라반을 위해 7년 동안이나 기꺼이 일했다. 그러나 라반은 결혼 예식 후 야곱을 속이고 라헬 대신 그녀의 언니인 레아를 야곱에게 주었다.

참 대단한 라반이다. 그는 사람을 어떻게 속이는지 알고 있었다. 야곱이 가장 큰 희생자라는 사실은 참 당연한 것처럼 보인다. 때로 자신이 초래한 일의 결과는 고스란히 자신에게 다시 돌아온다. 야곱 또한 속이는 기술에 있어서는 상당한 재능이 있었음을 기억할 것이다. 어머니의 도움으로 형 에서를 속이고 장자권과 아버지의 축복을 가로챈 야곱이 아니던가. 이제 그는 라반에게 속아 자기가 진정으로 사랑하는 라헬 대신 레아와 결혼하게 된 것이다.

레아를 묘사하는 히브리 말은 매우 회화적이다. 직설적으로 말한다면, 레아는 물고기의 눈을 가졌다. 아마도 눈이 매우 크고 둔해 보였던 모양이다. 외모 면에서 보면 라반 가에서 그렇게 매력적인 여인은 아니었던 것 같다.

그날 밤 야곱이 잠자리에 들었을 때 라반은 장막 덮개 밑으로 레아를 들여보냈다. 다음 날 아침, 불쌍한 야곱이 일어나 레아의 부은 눈을 쳐다보았을 때, 그리고 라반이 한 일을 알게 되었을 때 그는 상당한 충격을 받았을 것이다. 그러나 야곱은 포기하지 않았다. 그는 라반을 만족시키고 라헬과 결혼하기 위해 다시 7년을 더 일하는 데 동의했다. 그래서 두 자매가 모두 야곱의 아내가 되었다.

그렇지만 누가 야곱의 사랑을 받았는가는 언제나 명백했다. 레아에 대한 야곱의 사랑과, 라헬에 대한 야곱의 사랑과의 차이를 묘사하는 히브리 단어의 결합은 미움과 사랑이다. 야곱은 레아보다 라헬을 훨씬 더 사랑했기 때문에 그 사랑에 비하면 그는 마치 레아를 미워하는 것처럼 보였다.

이 사랑과 미움의 대조는 야곱과 그의 형 에서에 대한 구약 후반부 말씀에서도 나타난다. 말라기 1장 2-3절에서 하나님은 "내가 야곱을 사랑하였고 에서는 미워하였으며"라고 말씀하신다. 그것은 하나님이 복수심에 불타 에서를 멸시하셨다는 의미가 아니다. 요점은 하나님이

야곱을 너무 사랑했기 때문에 그에 비하면 에서에 대한 감정은 미움처럼 보였다는 것이다. 이런 사랑은 너무 지고해 그에 비하면 다른 사랑은 마치 미움처럼 보인다.

성경에서 이 대조를 추적해보면, 이 관계가 예수님의 가르침에서 어떻게 해석되는가를 이해하는 데 도움이 될 것이다. 시간을 내서 다음 말씀을 살펴보고, 이 대조가 어떻게 사용되었는지 보라.

구약의 말씀	신약의 말씀
창세기 29:30-33	마태복음 6:24
신명기 21:15-17	누가복음 16:13
사무엘하 19:6	요한복음 3:20
잠언 13:24	요한복음 12:25
이사야 60:15	

이 사랑과 미움의 대조 관계에 관한 구절을 읽어보면, 예수님이 제자들에게 기대하시는 관계를 더 깊이 이해할 수 있다. 우리는 주님에 대한 사랑을 1순위로 올려놓아야 한다. 그래서 그분에 대한 지극한 사랑으로 인해 이 땅에서의 다른 사랑의 관계는 마치 미움의 관계인 것처럼 보인다.

더 높은 차원에서 이 관계는 바비와 내가 결혼식 날, '다른 모든 사람을 버리는 것'과 서로에 대한 사랑을 맹세하는 서약을 할 때 시작된 그 관계와 비슷하다. 우리 두 사람은 서로를 지상에서의 최우선순위로 삼았다.

앞서 말했던 그 성경 말씀에서 사랑은 어떤 사람을 다른 어느 누구보다도 더 사랑하는 것, 어떤 한 사람을 버리고 다른 한 사람을 선택하는 의미를 지닌다. 한편 미움은 바비와 내가 피로연장에서 황급히 빠져나왔을 때 그랬던 것처럼, 어떤 사람을 덜 사랑하는 것, 또는 다른 사람을 버리는 것을 뜻한다. 예수님은 우리를 제자로 부르시고 그분을 비길 데 없는 최상의 사랑으로 사랑하라고 하셨다. 예수님의 이 첫 번째 요구에 바르게 반응하기 위해 우리는 의지적으로 삶 속의 모든 관계를 재조정해서, 나와 예수님과의 관계와 경쟁이 되지 않도록 해야 한다.

하나님은 질투의 하나님이시다. 그분이 직접 그렇게 말씀하셨다. 왜 그러셨는가? 왜냐하면 하나님은 우리와 하나님의 우선적인 관계가 최상임을 아시기 때문이다. 예수님이 마태복음 6장 24절을 통해 우리가 두 주인을 섬길 수 없다고 말씀하신 이유가 그것이다. 우리는 하나님과 돈을 똑같이 섬길 수 없다. 때때로 돈에 '익숙해지면서' 하나님을 사랑할 수 있다고 생각한다. 돈을 사랑하는 것이 아니라 단지, 그것을 굉장히 좋아할 따름이라고 하면서. 하나님은 우리 삶에서 그 두 가지 우선순위를 모두 가질 수 없다고 말씀하신다. 하나님과 돈, 그 둘은 서로 상반된 충성을 요구한다. 그러나 예수님의 제자된 우리의 관심은 오직 그분에게만 집중되어야 한다.

이런 중국 속담이 있다. "어떤 집도 두 여인이 같이 살 만큼 큰 집은 없다." 같은 이치로 어떤 그리스도인의 삶도 두 연인을 둘 만큼 크지 못하다.

사랑을 어떻게 보여줄 것인가

사랑에 처음 빠졌던 때, 그 사랑의 대상이 당신의 감정을 알아주기를 고대했던 일을 기억하는가? 자신이 사랑에 빠졌다는 것을 어떻게 알았는가? 그 사람에게 당신의 사랑을 어떻게 보여주었는가? 아마 그 사람을 두고 백일몽을 꾸거나 생각하는 데 많은 시간을 보냈을 것이다. 신학교에서 9년 동안 강의한 나는, 20대 초반의 젊은 여학생이 사랑에 빠졌거나 약혼했을 때 그 느낌을 언제나 감지할 수 있었다. 그런 학생들은 으레 수업 시간에 몽롱한 상태로 앉아 있다. 그리고 대개 강단에서 가장 멀리 떨어진 자리에 앉아 사랑하는 사람을 마음속으로 상상하곤 했다.

처음으로 사랑에 빠졌을 때 당신은 그 사람과 시간을 보내거나, 그 사람을 위해 어떤 일을 하거나, 선물을 사고 싶었을 것이다. 열렬한 구애로 이성을 잃을 만큼 사랑에 열중했다가 진정한 사랑으로 발전해 나가는 동안 느꼈던 마음 자세나 했던 일들의 목록을 만들어본다면 과연 어떤 항목들이 포함될까? 잠시 시간을 내서, 데이트하는 동안 연인에게 사랑을 표현했던 행동 10가지를 적어보라.

1.
2.
3.
4.

5.
6.
7.
8.
9.
10.

    자, 이제 상상해보자. 오늘 주님과 점심 식사를 하는 모습을 그려보라. 주님이 당신을 초대하셨다고 가정해보자. 주님과 당신, 그 둘을 위해 마련된 식탁 맞은편에는 주님이 앉아 계신다. 그분이 당신에게 종이 한 장을 내미시는 모습을 상상해보라. 그분은 당신의 눈을 보며 이렇게 말씀하신다. "네가 그 어느 누구보다도 나를 더 사랑한다는 것을 나는 잘 알고 있단다. 네 행동과 모습을 보면 알 수 있지. 내가 너의 최우선순위임을 드러내는 네가 보여준 모든 방법이 적힌 목록이 여기 있단다. 한번 보렴."

    이제 당신의 눈은 주님이 밀어주신 종이로 향한다. 그리고 이렇게 물을 것이다. "그 목록에는 무엇이 있을까?"

    당신에게 있어서 주님이 최우선순위임을 그분은 어떻게 아셨을까? 주님은 사랑한다고 말하며 당신이 보여준 행동들이 고스란히 적힌 목록을 보여주셨다. 그 목록은 내가 조금 전에 만들어보라고 말한 그 목록이다. 당신은 그 목록을 만들 수 있는가? 주님은 당신이 그분과 시간을 보냈다고 쓰셨는가? 그분에 대해 사랑스러운 말을 했다고 쓰셨는가? 시간뿐만 아니라 지상에서의 소유물과 부를 주님을 위해 희생했다고 쓰셨는가? 주님과 특별한 친밀감을 공유했으며, 주님을 생각하며 그분에 대한 사랑을 보여주기 위해 각별히 노력했다고 말씀하셨는가?

주님이 기대하시는 방법으로 그분을 사랑하기 위해 우리는 주님을 향한 우리의 사랑을 우리 삶의 중심에 두어야 한다. 우리는 사랑한다고 말하는 그 이상을 해야 한다. 그 사랑을 보여주어야 한다. 당신은 그렇게 하고 있는가? 어떻게 그렇게 하고 있는가?

그렇다면 내 가족은?

이제 예수님이 요구하시는 것이 무엇인지 이해했기를 바란다. 지금까지 그렇게 해오지 않았다면, 그분을 향한 당신의 사랑을 첫 번째 우선순위로 올릴 준비가 되어 있기를 바란다. 아마 마음속에 여전히 의문 하나가 풀리지 않고 남아 있을지 모르겠다. 이렇게 묻고 있는 것은 아닌가? "그렇다면 내 가족은 어떻게 되는가? 내 삶 속에 다른 중요한 관계들은 어떻게 되는가?"

예수님을 첫 번째 우선순위로 삼으면 가족들은 손해를 보는 것이 아닌가? 아니다. 절대로 그렇지 않다. 예수 그리스도를 최상의 우선순위에 둘 때, 가족들은 막대한 유익을 얻게 된다. 예수님이 강조하셨던 것처럼 우리가 그분을 사랑하면 곧 그분의 계명을 지키는 것이기 때문이다. 그러므로 그분에 대한 우리의 사랑은 가족과 직장 동료들에게 나타나게 될 것이다. 예수 그리스도를 첫 번째로 두면 다른 모든 관계들은 자연스럽게 향상된다.

생각해보라. 성경이 권고하고 있는 아내의 역할을 따라 그대로 순종하는 아내를 어떤 남편이 싫어하겠는가? 경건하고 사랑스러운 남편이 되는 성경의 지침을 그대로 순종하는 남편을 어떤 아내가 사랑하지 않겠는가? 직업에 있어서 성경 말씀대로 순종하는 직원을 어떤 고용주가 좋아하지 않겠는가?

그리스도를 삶의 첫 번째에 둔다면 아무도 패자가 되지 않는다. 모든 사람이 이긴다.

토론 문제

1. 마태복음 10장 24-42절에 따르면, 그리스도를 따르기 시작했을 때 제자들이 느꼈던 두려움에는 어떤 것들이 있는가? 예수님은 이 두려움을 어떻게 없애주시는가?

2. 시간을 따로 내어 역사적인 상황을 고려하면서 미가서 7장을 공부해보라. 왜 가족들 안에서 불화가 생겼는가? 의견 차이를 가져온 요인은 무엇이었는가?

3. 마태복음 10장 35-36절에 기록된 예수님의 가르침에서 제자도의 헌신을 설명하는 예화로 예수님이 미가서 7장을 사용하신 이유는 무엇인가?

4. 평생 사역이나 선교 사역을 선택한 자녀에 대해 부모나 다른 가족이 느끼는 두려움이 분열의 요소가 될 수 있는 이유는 무엇인가? 그 두려움을 없애기 위해 어떻게 상담해줄 수 있는가?

5. 예수님이 제자들을 위해 설명하신 사랑과 미움의 관계를 보다 완전하게 이해하기 위해 다음 말씀들을 공부하라. 다음 구절에서 '미움' 또는 '사랑'이 무슨 뜻인지 살펴보라.

창세기 29:31-33
신명기 21:15-17
사무엘하 19:6
잠언 13:24
이사야 60:15
말라기 1:2-3
마태복음 6:24
누가복음 16:13
요한복음 3:20
요한복음 12:25

3장
하나님의 체육관

> 연습은 완전함을 가능케 한다. 고기와 같은 단단한 음식은 성숙한 사람을 위한 것이다. 그들은 연습을 통해 지각을 연단하여 선악을 분별하는 사람들이다.

제자도의 핵심 2

하나님의 말씀에 대한 정기적인 공부와 헌신

큰아들 조쉬는 열여섯 살이 된 다음 날 바로 운전 면허를 땄다.

그날 밤은 부자간에 대화를 나누기에 적절한 순간이었다. 우리는 평소에 즐겨 가던 커피숍으로 갔다. 나는 커피를, 조쉬는 초콜릿 쉐이크를 주문했다. 그 다음에 나는 냅킨을 꺼냈다.

조쉬는 이제부터 내가 뭘 하려는지 잘 알고 있었다. 커피를 쏟을까 봐 냅킨을 꺼낸 것은 아니었다. 냅킨은 우리 베일리 가정 교육의 중요한 일부였다. 그것은 조쉬가 테이블 위를 볼 수 있을 만큼 되었을 때부터 우리 부자가 시간을 함께 보내며 쓰던 방법이었다.

우리는 그것을 '냅킨 신학'이라고 불렀다. 자식들이 아빠 하고만 외

출할 수 있을 정도로 자랐을 때부터 우리는 이른 아침 식사나 늦은 밤 간식을 하며 최고의 시간을 나누었다. 냅킨이 칠판이나 오버헤드 프로젝트 대용이 되었던 그 자연스러운 시간에, 하나님은 내게 가장 위대한 통찰력과 교훈을 얻는 은혜를 허락하셨다. 20년이 넘는 가르침과 양육의 시간 동안 가장 즐거웠던 기억은 이런 커피숍에서 가졌던 교육의 순간들이었다.

그날은 그런 마술 같은 순간들 중 하나였다. 그날은 하나님의 뜻에 따라 결정을 내리는 문제에 대해 내가 발견한 방법들 중 최상의 통찰력을 얻었던 날이었다. 큰아들과 함께하던 그 시간에 그런 통찰력을 발견할 수 있었다는 사실은 나에게 더없이 특별했다.

나는 냅킨을 꺼냈고 설명하기 위해 낙서용 펜을 들었다. 그리고 간단한 말 한 마디로 대화를 시작했다.

"조쉬야, 잠깐 이걸 생각해보면 어떨까?"

내가 무언가를 사주는 동안 아들 녀석은 대개 매우 동조하는 입장을 취한다.

"그래요, 아빠."

"언젠가 친구와 나누었던 대화를 네게 해주고 싶은데 말이야. 사람은 자기 행동이나 결과 가운데 하나를 선택할 수 있어. 그렇지만 둘 다를 선택할 수는 없단다."

쉐이크를 먹던 조쉬는 나를 올려다보았다. "뭐라구요, 아빠?"

나는 한 번 더 말해주었다. 그리고 본론에 들어가기 시작했다.

"운전을 예로 들어볼까?"

조쉬는 의자 쿠션에 등을 기대고 똑바로 앉았다.

"너는 심각한 충돌 사고나 치명적인 사고가 나지 않기를 바라지?"

"그럼요. 그건 너무 끔찍한 일이잖아요, 아빠."

"좋아. 그럼 그런 사고가 나지 않기를 바란다면, 그리고 그것이 네가 원하는 결과라면 너는 어떤 행동을 포기해야 된다고 생각하니?"

그러자 그 아이는 생각하기 시작했다. "너무 급하게 운전하거나 난폭하게 운전해서는 안 된다는 뜻이겠죠."

"맞아, 조쉬. 속도를 내서 달리는 것을 선택한다면, 결국 너는 어떤 것을 포기하는 거지?"

아이는 아무 대답도 못했다.

"결과를 포기한다는 뜻이지. 네가 결과를 선택할 수 없다는 뜻이란다. 커브 길에서 속도를 내는 사람에게 딱지를 뗄 경찰이 있을 수도 있고, 또 더 나쁜 경우엔 자전거를 타고 가는 아이가 길을 건널 수도 있어. 넌 운전하면서 순간적으로 무슨 일이 생길지 알지 못해. 다른 운전자가 너를 비켜 가기 위해 어떤 반응을 해올지도 결코 알 수 없을 거야. 넌 그런 일들을 전혀 알 수가 없단다. 그 결과들 중 아무것도 선택할 수가 없지. 그러니까 네가 속도를 낸다는 것은 스스로 자신의 결과를 포기하는 거야. 결과는 더 이상 네 선택이 아니라는 말이란다. 그것은 네 통제권 밖에서 벌어지는 일이라는 말이다. 이해하겠니?"

한동안 우리는 그 문제에 대해 계속 이야기했다. 그리고 한숨 돌린 다음 이야기를 이어갔다.

"자, 이젠 성(sex)에 대해 이야기해보자."

조쉬는 다시 똑바로 앉았다.

"이렇게 한번 생각해보자. 열심히 데이트를 하면서 네가 성과 관련된 질병에 걸리지 않거나 다른 사람에게 그것을 옮기지 않는 결과를 원한다면 넌 어떤 행동을 포기해야 되지?"

아이의 머릿속에는 관심을 뜻하는 빨간불이 들어오기 시작했다. "그럼 제가 그런 질병을 가진 어느 누구와도 관계를 가져서는 안 된다는 뜻이겠죠. 요행을 바라고 혼전 성관계를 할 수도 없겠죠. 왜냐하면 상대방이 그동안 어떤 관계를 맺고 살아왔는지 알 수 없으니까요."

"좋아, 그럼 다른 것은 없니?"

"마약 사용자들도 에이즈를 옮긴다면서요. 그러니 마약을 사용하는 사람과도 관계해서는 안 되죠."

조쉬는 줄줄 말하기 시작했고, 그의 말을 듣는 나도 기분이 좋았다. 그 아이는 "성적으로 깨끗한 삶의 양식이라는 결과를 선택하고 싶다면, 불장난의 특권을 포기해야 한다"는 내 말의 뜻을 확실히 이해하고 있었다.

우리는 우리의 행동을 선택할 수 있다. 또 결과를 선택할 수도 있다. 그러나 그 둘 다를 선택할 수는 없다.

행동 또는 결과?

이건 너무 기본적인 원리처럼 보인다. 그러나 주위를 한번 둘러보라. 신문을 읽어보라. 이 세상 사람들 가운데 이 기본 전제를 받아들이는 사람은 너무 적다. 건강한 폐라는 결과를 원하면서도 흡연의 행동은 포기하지 않는다. 군살 없는 날씬한 몸매를 원하면서 맥주나 페퍼로니 피자를 포기하지 않는다.

좀 더 마음에 와닿는 예를 들어보자. 부모들은 순종적이고 착한 자녀를 원하면서도 혼자 즐기는 시간을 많이 갖는 이기적인 자세를 포기하지 않는다. 안정된 부부 관계를 원하면서 직장 이성 동료와의 관계를 청산하지 않는다.

살면서 아무리 좋은 결과를 원하더라도 손가락으로 딱 소리 내듯 그것을 얻을 수는 없다. 해로운 행동을 하고서 긍정적인 결과를 얻을 수는 없다. 하나님은 결과를 선택하거나 행동을 선택하도록 우리에게 자유 의지를 주셨다. 그러나 우리는 둘 다를 선택할 수는 없다.

행동인가, 결과인가를 우리는 결정해야 한다. 때때로 결과가 사소하게 여겨질 때도 있다. 그러나 그것은 우리의 삶 전체를 바꾸어버리기도 한다. 행동과 결과에 대한 선택 원리는 언제나 변함없다. 성경은 행동과 결과에 대한 결정의 생생한 예로 가득 차 있다. 그것은 넓은 길과 좁은 길, 지혜와 어리석음, 의와 불순종, 훈련과 게으름, 성령을 기쁘게 함과 육신을 기쁘게 함, 믿음으로 행함과 불신으로 행함, 그리고 빛 가운데 행함과 어두움 가운데 행함에 대해 말한다.

행동과 결과의 결정에 대해 냅킨 토의를 가진 후 조쉬와 나는, 하나님이 우리 앞에 두신 결정에 관한 성경적인 지침을 찾기 시작했다. 가장 심오한 지침은 신명기 30장 15절에 있었다. 하나님은 이렇게 말씀하셨다. "보라 내가 오늘 생명과 복과 사망과 화를 네 앞에 두었나니."

그 말씀을 다시 보라. 그것은 결과의 선택을 말해준다. 우리는 어떤 결과를 선택할 것인가? 어떻게 결정할 것인가? '생명과 복'을 선택한다면, 그 구절 후반부에서 말하고 있는 행동을 취해야 한다. "곧 내가 오늘 네게 명령하여 네 하나님 여호와를 사랑하고 그 모든 길로 행하며 그의 명령과 규례와 법도를 지키라 하는 것이라…"(신 30:16).

"그래서 어떻단 말인가?" 이렇게 반문할 수 있다. "행동과 결과에 대한 이 말씀에 관심이 있기는 하지만, 도대체 그것이 제자도와 무슨 상관이 있다는 말인가?"

그 대답은 요한복음 8장 31-32절이 말해준다. 거기서 예수님은 행동과 결과의 관계를 통해 제자도의 두 번째 특징을 일러주신다. "너희가 내 말에 거하면 참으로 내 제자가 되고 진리를 알지니 진리가 너희를 자유롭게 하리라."

'거한다'는 진정한 의미

성경 전체를 통해서 보면 하나님은 사랑, 두려움, 보상 이 세 가지 방법으로 우리에게 동기를 부여하신다. 하나님이 동기를 부여하기 위해 가장 자주 사용하시는 방법이 무엇인지 알면 놀랄 것이다. 두려움이라고 생각하는가? 아니면 사랑? 대부분 사람들은 이 둘 가운데 하나를 택한다. 그러나 어느 것도 맞지 않다. 하나님이 동기를 부여하시는 것과 관련된 구절들을 추적해보면 보상이 첫 번째이며, 두려움이 두 번째, 사랑이 세 번째다. 왜 그런가? 하나님은 왜 사랑보다 보상이

나 두려움을 사용하시는가? 그 이유는 사랑이 가장 성숙한 동기이기 때문이다. 우리는 사랑의 동기보다 보상이나 두려움의 동기 부여를 훨씬 쉽게 이해한다.

작은 아들 제레미가 어렸을 때 집 앞에서 놀고 있는데 저쪽에서 트럭이 오는 것을 보면 나는 이렇게 말하지 않았다. "제레미야! 어서 피해. 넌 아빠를 사랑하지 않니?" 사랑은 그 순간 동기를 줄 수 있는 가장 좋은 방법이 아니다. 왜냐하면 제레미가 "아빠, 내가 아빠를 사랑하는지 아시죠? 그래서 저는 아빠 말을 듣는 거예요"라고 말하는 데는 굉장한 성숙함이 요구되기 때문이다.

대신 나는 이렇게 고함 지른다. "제레미야! 얼른 길에서 비켜! 저 큰 트럭이 너를 납작하게 만들어버리기 전에 어서 피해!" 어린 제레미에게는 두려움이 더 이해하기 쉬웠다. 보상도 마찬가지 효과가 있다. 제레미는 가지고 놀던 장난감을 주워 담으면 좋은 일이 일어날 것이라는 사실을 아주 잘 알고 있었다. 가끔은 보상으로 아이스크림을 얻기도 했으니까.

요한복음 8장 31절에서, 예수님은 제자도의 두 번째 특징을 일러주시면서 이미 일차적인 결과를 말씀하셨는데, 그것은 우리가 예수님의 제자가 되는 것이었다. 예수님은 우리가 그 결과를 선택하기 위해 반드시 취해야 할 행동을 분명히 밝히셨다. 우리는 하나님의 말씀 가운데 '거해야' 한다. 그리고 이것을 하도록 우리의 동기를 자극하기 위해 '자유'라는 보상을 허락하셨다.

자유에 대해서는 다음 기회에 더 자세히 말할 것이다. 먼저 하나님의 말씀 가운데 거한다는 의미가 무엇인지 생각해보자.

'거한다'의 헬라어 용법 가운데 하나는 농업 분야의 용어로, '땅에 뿌리를 내린다'는 의미다. 땅속에 뿌리가 거하는 것은 식물에 영양분을 공급해주는 결과를 낳는다. 따라서 하나님의 말씀에 거할 것이라면 우리는 그 말씀에 몰두해야 하며 그것을 공부하면서 말씀으로부터 영적인 힘과 양분을 빨아들여야 한다. 그저 한두 번이 아니라 정기적으로 자주, 그리고 헌신된 자세로 그렇게 해야 한다.

이와 관련된 서신서의 말씀은 하나님의 말씀 가운데 거하는 이 원리의 설명으로 충분하다. 히브리서 5장 11-14절 말씀은 구약의 위대한 인물 멜기세덱을 언급하고 있다. 히브리서 기자는 그 멜기세덱에 대해 사람들에게 말하고 싶었지만 문제가 있었다. "멜기세덱에 관하여는 우리가 할 말이 많으나 너희가 듣는 것이 둔하므로 설명하기 어려우니라"(5:11).

'듣는 것이 둔하다'는 문자적 번역은 "귓속이 꽉 찼다"는 말이다. 그렇게 느껴본 적이 있는가? 물속에 있었을 때, 염증이 생겼을 때, 귀지로 귀가 막혔을 때와 비교될 수 있다. 그럴 때 귀가 꽉 차고, 막힌 것 같은 느낌을 받는다. 그러면 마땅히 들을 수 있는 만큼 잘 듣지 못한다.

말씀 가운데 거하려면 우리는 소위 '영적인 귀지가 쌓이는 것'을 막아야 한다. 하나님의 말씀을 마땅히 들어야 할 만큼 듣지 못하게 만드는 모든 방해 요소를 몰아내야 한다. 히브리서 기자가 말한 것을 내 식대로 의역해보면 이렇게 되지 않을까? "나는 참으로 여러분에게 더 많은 것을 말하고 싶습니다. 그렇지만 영적인 귀지가 여러분의 귀를 막고 있어서 더 이상 설명하기가 곤란합니다."

영적으로 성숙해지는 것

다음 구절을 살펴보라. 그는 이제 정말로 사람들을 책망하면서 이렇게 말한다. "이제 여러분은 하나님의 진리인 하나님의 말씀의 교사가 되어야 하는 성숙한 지점에 다다라야 합니다. 그런데 여러분은 하나님 말씀의 기초적인 원리를 가르쳐줄 사람을 다시 필요로 하고 있습니다. 여러분은 단단한 음식이 아니라 우유를 필요로 합니다"(5:12 의역).

'때가 오래 되었으므로'라고 히브리서 기자는 히브리인들에게 말한다. "여러분은 가르칠 수 있을 만큼 성숙해야 합니다." 알기 쉽게 이야기한다면 이런 식이다. "여러분은 박사 학위를 받아야 마땅합니다. 그런데도 ABC와 같은 기초를 여러분에게 가르쳐줄 누군가를 아직도 필요로 하고 있습니다."

계속 어린아이 상태로 있는 것이 정상이 아닌 것처럼 평생 동안 어린 그리스도인으로 남아 있는 것도 정상이 아니다. 크고 건강한 십대 소년이 엄마에게 와서, "엄마, 오늘 밤 냉장고에 아기 우유 한 병 꼭 넣어두세요"라고 말한다면, 엄마는 "너 왜 그러니? 무슨 일 있니?"라고 말할 것이다.

소년이 이렇게 보챈다고 생각해보자. "엄마, 아기였을 때 저를 돌봐

주셨잖아요. 너무 좋고 또 감사해요. 다시 그런 보살핌을 받고 싶어요."

아마 대부분의 엄마들은 이렇게 반응할 것이다. "당장 그만둬. 네가 마실 우유랑 치즈버거도 다 네가 직접 사 먹으렴. 우유만 마셔서는 절대 안 돼."

아기들이 우유를 마시는 것은 정상이다. 그들에게는 우유가 필요하다. 그들은 우유만 잘 소화시킬 수 있다. 그러나 십대와 성인은 아기들만큼 우유에 대한 필요성이 크지 않다. 앞에서 말한 대로 히브리인들은 영적으로 십대와 같았다. 그들은 성인들의 음식, 즉 높은 수준의 가르침을 섭취할 만큼 오랜 시간을 보냈다. 그렇지만 그 가르침을 감당할 수 없었다. 아직도 기초적인 것들을 배워야 했다. 그들은 여전히 보상과 두려움으로 동기를 부여받고 있었다. 그들은 사랑으로 동기를 부여받을 만한 위치까지 성숙하지 못했다. 그 개념은 그들이 이해하기에는 너무 '성숙'한 수준이었다.

크고 연한 고급 비프 스테이크를 신생아에게 준다면 어떻게 되겠는가? 아기 침대에 그것을 던져주고 "잘 씹어 먹어야지, 아가야"라고 말한다면 어떻게 되겠는가? 그러면 아기는 어떻게 할까? "정말 고맙습니다. 아주 맛있어 보이네요. 뱃속에서 열 달 동안 살다 나와서 한 번도 본 적은 없지만, 이렇게 크고 두꺼운 비프 스테이크는 정말 저에게 필요한 거예요"라고 말할까? 절대로 그렇지 않다.

아기는 비프 스테이크가 뭔지도 모른다. 그것으로 어떻게 해야 하는지도 알지 못한다. 아마 모르기는 몰라도 스테이크 위를 구르고 빨다가 아기 침대 밖으로 밀어낼 것이다. 왜 그런가? 고기에 익숙하지 않기 때문이다. 아기는 고기를 먹을 수 없다. 고기를 씹을 능력도 소화시킬 능력도 없다. 아기들은 우유에만 익숙해 있다.

우유란 어떤 것인가? 우유는 엄마나 어미 송아지가 자식을 위해 미리 씹어둔 것이다. 미리 처리된 음식이라는 말이다. 아기한테 필요한 것은 바로 그것이다.

특별히 채식주의자가 아니라면 어른들은 고기를 좋아한다. 고기는 성장한 어른을 위한 음식이다.

아기들의 특징 가운데 하나는 뭐든지 집어서 입으로 가져간다는 것이다. 새로 태어난 그리스도인들도 똑같이 행동한다. "나는 이것도 먹어보고 저것도 먹어보고 싶어요"라고 말하는 것과 같다. 이것이 바로 성경이 세상의 모든 풍조에 밀려 요동치 않음으로써, 어린아이가 되지 말고 믿음 안에서 성숙해지라고 말한 근거다.

아기일 때는 무엇이 좋고 나쁜지 알지 못한다. 그러나 예수 그리스도를 더 닮아갈 때, 그리고 제자의 특징을 개발해나갈 때 우리는 영적으로 더 성숙하게 되고 더 높은 단계의 가르침을 이해하는 능력을 얻게 되며, 성경으로부터 더 많은 영양분을 흡수할 수 있다.

그렇다면 어떻게 영적으로 성숙해질 수 있는가? 그것은 우유를 먹다가 고기를 먹는 방법과 비슷하다. 연습을 통해 그렇게 될 수 있다. 먼저 으깨고 걸러진 것들을 먹기 시작한다. 그 다음에는 연하고 부드러운 작은 닭고기 덩어리를 먹는다. 씹고 또 씹는 반복 동작을 시작한다. 더러는 30분 동안 고기 한 조각을 씹고 또 씹는 아이들도 있다. 식탁에 앉아 이유식을 먹다가 햄버거를 먹고, 그러다가 비프 스테이크를 먹는 것으로 옮겨 간다. 그 연습에는 보상이 따른다. 더 이상 병 속에 든 우유나 으깬 감자 따위는 먹지 않아도 된다.

하나님의 체육관에서 연습하기

예화가 나오는 성경 다음 구절을 보자. 그것은 운동에 대한 비유적 표현으로 우리에게 많은 교훈을 준다. 히브리서 기자는 5장 14절에서 이렇게 말하고 있다. "단단한 음식은 장성한 자의 것이니 그들은 지각을 사용함으로 연단을 받아 선악을 분별하는 자들이니라."

헬라어로 '연단받음(trained)'이라는 말은 '짐나조(gymnadzo)'다. 이 말을 큰 소리로 읽어보라. 혹시 생각나는 말이 없는가? 그렇다. '짐나지움(gymnasium, 체육관)'이 떠올랐다면 그 말의 배경을 정확히 맞춘 것이다. 왜 사람들은 체육관에 가는가? 연습하고 훈련하고 연단하기 위해서다.

이 장에서 말하고 있는 모든 것이 여기에서 연결된다. 첫째, 우리는 스스로의 행동과 결과 둘 다를 한꺼번에 선택할 수 없으며, 그중 하나만 선택할 수 있음을 살펴보았다. 그리고 이 선택이 지혜롭고 성공적인 방법이기를 기대하고 있다. 그 다음에 우리는 제자도에 대한 예수님의 두 번째 기준이 행동과 결과의 약속으로 제시된 것임을 알게 되었다. "너희가 내 말에 거하면 참으로 내 제자가 되고."

그 다음에는 예수님의 제자들이 어떻게 말씀 안에 거하는지 살펴보았다. 말씀에 뿌리를 내리고 양분을 끌어들여야 한다. 그러나 양분을 흡수하고 이해하기 위해 우리는 영적으로 성숙해야 한다. 그리고 영적으로 성숙하기 위해서는 연습해야 한다. 하나님의 말씀 안에서 스스로를 훈련시킬 때 우리는 시간을 따로 떼어놓아야 한다.

그러나 그것은 단지 시간을 따로 떼어놓는 문제만은 아니다. 살아가면서 지속적으로 성경을 읽는 사람은 많지만, 결코 성숙과 바로 연결되지는 않는다. 평생 동안 교회에 다니면서 하나님의 말씀을 듣지만, 결코 성숙하지 못하는 사람들이 있다. 단지 하나님의 말씀을 읽는 데 시간을 보낸다고 성숙해지는 것은 아니다. 히브리서 5장 14절은 훈련에 의해, 하나님의 말씀을 연습함으로 인해 성숙해질 수 있다고 말한다.

연습한다는 것이 어떤 의미인지 예화를 통해 살펴보자. 1976년 몬트리올 올림픽 여자 체조 경기 다섯 종목에서, 루마니아의 한 작은 소녀가 3개 종목에서 10점 만점을 받아 금메달을 목에 걸었고, 개인 종합 경기에서도 우승했다. 루마니아의 작은 소녀 나디아 코마네치(Nadia Comaneci)는 세상을 매혹시켰다. ABC 방송의 〈스포츠 와이드 월드(Wide World of Sports)〉 프로그램 진행자 짐 맥케이(Jim McKay)는 그 키 작은 소녀에게 허리를 굽혀 물었다. "나디아, 얼마나 감격스러워요? 다섯 종목 가운데 세 종목에서 10점 만점을 받았죠?"

작은 체구의 나디아는 밝은 미소를 지으며 어깨를 으쓱했다. "정말 그래요." 그녀는 차분한 얼굴로 대답했다.

"어떻게 그렇게 침착하죠? 이해할 수가 없네요." 맥케이는 감탄하며 말했다. "나디아는 방금 세 종목에서 완벽한 경기를 보여줬어요.

이건 여자 체조 부문에서 올림픽 사상 처음 있는 일이에요."

나디아는 다시 미소를 지었다. "그래요? 나는 연습 때 열네 번이나 그런 경기를 했었어요."

갑자기 초점은 나디아 코마네치에서 그녀의 트레이너 벨라 캐롤리(Bela Karolyi)와 훈련생들의 훈련 모습으로 빠르게 이동했다. 텔레비전 화면은 기포 고무 패드를 깔아놓은 루마니아의 음침한 체육관과, 평행봉과 뜀틀에서 훈련하는 소녀들과, 그 사이를 걸어다니며 "다시 한 번 해봐. 다시, 다시!"라고 말하며 손뼉 치는 벨라의 모습으로 가득 찼다.

엄격한 완전주의자인 코치 벨라 캐롤리는 세상의 우상이 되었다. 결국 그는 텍사스 주 휴스턴에 정착했는데, 거기서 여자 체조계의 차기 슈퍼스타인 메리 루 레튼(Mary Lou Retton, 1984년 로스앤젤레스 올림픽에서 여자 개인 종합 금메달을 딴 미국 선수, 편집자 주)을 훈련시켰다.

벨라 캐롤리의 체육관에서는 무슨 일이 있었단 말인가. 다시 한 번, 다시, 다시… 연습과 연습과 연습의 반복이었다. 체조 선수들은 시합에 들어갔을 때 올바른 기술로 연기하기 위해 체육관에서 연습한다.

나디아 코마네치는 2단 평행봉에서 역사상 전례 없는 가장 뛰어난 착지에 성공했다. 평행봉에서 두 번의 공중 회전 후 점프와 동시에 앞으로 구르기와 그 역동작으로 흔들림 없이 착지해 만점을 받았다.

나디아 코마네치가 점프하려는 그 순간, "이제 어떻게 내리지?"라고 생각하는 것을 상상할 수 있는가? 나디아는 반복해서 착지를 연습했기 때문에 스포트라이트를 받는 순간에도 흠 없이 착지할 수 있었다.

나는 스포츠광이다. 특히 농구를 좋아하는데, 래리 버드(Larry Bird)가 보스턴 셀틱스에서 뛰었을 때 그의 열렬한 팬이었다. 그는 미국에서 가장 뛰어난 슈팅 기술을 가진 선수였다. 래리는 뛰어난 기술을 가지고 있었지만 다른 선수들보다 언제나 두 시간 일찍 연습장에 나왔다는 사실이 놀랍지 않은가? 그는 코트에서 혼자 매일 슈팅과 드리블을 수백 번씩 연습했다.

자다가도 자유투를 던질 수 있을 것만 같은 래리 버드는 왜 그렇게 혼자 열심히 연습했던 것일까? 경기를 하면서 래리 버드는 생각할 시간이 없다. "자, 저기 골대가 있지. 방어 선수는 여기 있고, 바람의 흐름은 이쪽이야. 공격선은 저렇게 갈 것이다. 상대 선수와 동료를 점검하고… 그렇다면 지금이 슛을 해야 되는지 결정해야 할 순간이군." 래리는 그렇게 생각할 시간이 없다.

정말 그렇다. 생각하기 위해 멈출 필요가 없다. 너무나 오랫동안, 너무나 훌륭하게 연습했기 때문에 경기가 최고조에 달했을 때도 그 모든 것이 자동적으로 착착 진행된다. 체육관에서 연습하던 때처럼 말이다.

히브리서 5장 14절에 의하면 고기는 "지각을 사용함으로 연단을 받아 선악을 분별하는 자들"인 "장성한 자"의 것이다. 그러나 많은 사람들은 인생이란 경기에 나가 적들이 우리를 쫓아와 결정을 내려야만 하는 상황에 직면해서야 생각하기 시작한다. "내 파일 어딘가에 그것이 있는데… 이 문제에 대한 설교를 들은 적이 있는데… 책상 서랍 어딘가에 노트가 있는 것 같긴 한데…." 그러나 바로 그때 "퉁!" 소리를 내며 적들은 우리를 공격하기 시작한다.

왜 하나님의 말씀에 거하는 데 시간을 보내야 하는가? 운동 선수들이 체육관에서 훈련하는 데 시간을 보내야 하는 것과 같은 이유에서다. 선과 악을 놓고 선택해야 하는 순간이 급작스레 닥칠 때, 마음속에 연습했던 것을 그대로 해내기 위해 지각을 연단할 필요가 있다. 지각을 연단해야만 올바른 선택을 해야 하는 중요한 상황에서 제대로 된 결정을 내릴 수 있다.

그리스도인이 시험받는 것을 생각하면 배의 이미지가 떠오른다. 처음 제자의 특징을 공부하기 시작했을 때 나는 용어 색인을 꺼내 성경에서 제자라는 단어가 사용된 경우를 모조리 살펴보았다. 그때 신약에서 그 단어가 284번이나 사용된 것을 발견했고, 제자들의 사역과 헌신에 대해 읽어가면서 그들이 배 안에 있을 때는 언제나 시험의 기간이었음을 알게 되었다. 그래서 이제는 언제든지 복음서를 읽을 때 제자들이 해변 가까이 다가가는 설명이 나오면 이런 생각이 든다. "아이쿠, 또다시 어려움이 닥치겠군." 그리고 큰 소리로 이렇게 말하고 싶은 충동을 느낀다. "그 배에서 떠나시오. 가지 마시오. 폭풍이 있을 겁니다. 내 말을 믿어요."

시험에서 달아나고 싶은 것이 인지상정이지만, 제자들처럼 우리도 시험을 통해 교훈을 얻는다. 여기서 배우는 한 가지 교훈은 체육관에서 충분히 시간을 보냈는가 하는 것이다. 도전에 직면할 수 없다면, 바른 결정을 내릴 수 없다면, 하나님이 원하시는 결과를 가져오는 데 필요한 행동을 하지 못하고 있다면, 우리는 다시 체육관으로 가야 한다!

보상

올바르게 행하면 마침내 보상을 받는다. 그것은 올림픽에서 10점 만점을 받은 선수가 받는 어떤 상보다 좋은 것이다. 예수님은 말씀 안에 거하면 진리를 알게 되고 그 진리가 우리를 자유케 할 것이라고 말씀하셨다.

무언가로부터 자유로울 필요가 있는가? 죄와 자아와 염려와 두려움과 좌절과 근심으로부터 자유롭기를 원하는가? 문화 집단이나 또래 집단의 압력으로부터 자유로울 필요가 있는가? 예수님은 '자유'라는 결과를 원한다면 취해야 할 행동이 있다고 말씀하신다. 그것은 하나님의 말씀 안에 거하는 것이다.

원하는 만큼 자유롭지 못하다면, 우리는 체육관에서 시간을 충분히 보내지 않았다는 것을 인정하는 셈이다. 직장에서, 가족과 함께 있는 시간에, 거리에서, 축구 경기나 볼링 경기에서, 그 모든 세계의 경쟁에서 이길 수 있는 행동을 배우지 못한 셈이다. 하나님의 체육관에서 충분히 시간을 보내지 않았다면, 마땅히 해야 할 일을 하지 못하거나 결정을 내리려고 너무 오래 주저하는 바람에 "퉁" 소리내며 시작되는 적의 공격을 받게 될 것이다. 너무 늦었기 때문이다.

행동/ 결과의 딜레마를 풀어나가는 방법과 올바른 결정을 내리는 방법을 알기 위해 우리는 하나님의 말씀 안에 거하는 데 시간을 보낼 필요가 있다. 그리스도인들 대부분이 체육관 없는 성공을 원한다. 그것이 바로 프로와 프로가 아닌 사람들의 차이다. 래리 버드는 패스 실력이 뛰어난 선수다. 그는 자기 팀 선수가 어디 있는지 언제나 정확하게 알고 있는 것처럼 보였다. 래리 버드의 패스는 거의 본능에 가까운 것처럼 보이지만 그것은 본능이 아니다. 경험, 즉 체육관에서의 시간과 연습의 결과였다.

진리를 알 때 우리는 올바른 결정을 내리며 자유를 누린다. 말씀 가운데 거하는 것이 제자의 특징인 이유가 그것 때문이다.

지금 성경과 '체육관' 관련 부분을 공부하고 있기 때문에 운동에 관한 예화를 하나 더 소개한다. 1956년 세계 대회 이전에 오스트리아는 한 번도 사격에서 금메달을 따지 못했다. 그후 칼로스(Carlos)라는 이름을 가진 한 오스트리아 선수가 오른손으로 권총 100발을 쏘아 100발 모두를 과녁 정중앙에 명중시켰다. 완벽한 사격이었다. 러시아 선수가 99점으로 2위를 했고, 미국 선수가 97점으로 3위를 차지했다.

그후 칼로스는 오스트리아의 작은 시골에 있는 자기 집으로 돌아갔다. 마을 사람들은 마을 곳곳을 돌며 그를 자랑했다. 그는 국가의 영웅이 되었다. 축하 분위기가 가라앉고 그는 일터로 돌아가 평범한 시민이 되었다. 그러던 어느 날, 직장 동료가 스위치를 잘못 올려 기계를 작동시키는 바람에 그의 한쪽 팔이 그만 기계에 빨려들어가는 사고가 발생했다. 백발백중의 사격술을 가진 그의 한쪽 팔이 돌이킬 수 없는 일을 당하게 된 것이다.

의사는 그를 살리는 유일한 길은 팔을 절단하는 것밖에 없다고 말했다. 온 나라가 슬픔에 잠겼고, 그는 깊은 우울증에 빠져들었다. 그는 수개월 동안 집에서 어슬렁거렸고 일을 하지 못했다.

어느 날이었다. 그는 빈 오른쪽 소매를 허리춤에 끼워넣고는 왼팔로 어린 딸을 학교에 데려다주었다. 그리고 집에 돌아오자 말 한 마디 없이 아내 옆을 지나쳐, 책상 서랍에 넣어두었던 권총을 꺼내 바지춤에 꽂았다. 방을 나온 그는 문을 닫고 창고로 향했다. 남편의 우울증으로 걱정하던 아내는 남편을 불렀지만 그는 돌아보지 않았다. 멀찍이 떨어져서 남편이 창고 뒤로 사라지는 것을 본 그녀는 집을 뛰쳐나와 그를 뒤따라가면서 울부짖었다. "안 돼요, 칼로스! 그러지 마세요."

"빵-!" 그녀는 총소리를 들었다. 심장이 멎을 것 같았다. 천천히 창고 구석으로 돌아갔다. 거기에는 오른쪽 빈 소매를 허리춤에 넣은 채 왼쪽 팔을 들어 과녁을 겨누고 발사를 하고 있는 칼로스가 있었다. 칼로스의 발사는 계속되었다. 그 다음 3년 동안 그는 계속 그렇게 훈련했다.

다음 세계 대회 때 칼로스는 왼손으로 과녁을 겨누고 100발 중 99발을 중앙에 명중시켰다. 그해 미국 선수는 97점으로 2위를 했고, 러시아 선수가 95점으로 3위를 했다.

연습은 완전함을 이룬다. 고기와 같은 단단한 식물은 성숙한 사람을 위한 것이다. 그들은 연습을 통해 지각을 연단하여 선악을 분별하는 사람들이다. 예수님은 우리를 위해 이 원리를 제공하셨다. "너희가 말씀 가운데 거하면 나의 제자가 될 것이다. 진리를 알게 될 것이고, 진리가 너희를 자유케 할 것이다." 이 원리는 구원의 메시지이자 성화를 위한 진리다. 경기에 투입되어 뛰기 위해 하나님의 체육관에서 연습하는 헌신을 하자. 하나님의 말씀을 연습했기 때문에, 우리는 바른 행동을 할 수 있으며 잘못된 것이 아닌 올바른 것을 선택할 수 있다.

토론 문제

1. 지금 당신이 직면하고 있는 결정 또는 행동의 단계는 무엇인가? 그 행동의 결과는 무엇인가? 선택에 대한 차트를 만들라. 그것을 놓고 기도하면서 하나님이 기뻐하시는 결과는 무엇이며, 당신에게 최선은 무엇인지 하나님께 아뢰라.

2. 하나님이 자기 백성을 격려하거나 경고하기 위해 사용하시는 모든 동기 부여의 요소를 생각나는 대로 열거하라. 왜 하나님은 그렇게 많은 것들을 사용하신다고 생각하는가?

3. 요한복음에서 '거하다/ 거함'에 대한 용어 색인을 공부하라. 요한복음 8장 31절에서는 그것이 무슨 의미인가? 예수님의 가르침 가운데 거하는 유익은 무엇인가?

4. 어린 그리스도인에서 더 성숙한 그리스도인을 분별해내는 히브리서 5장 11-14절이 말하는 삶의 자질은 무엇인가?

5. 이 구절에서 어린아이에서 성숙한 어른으로 옮겨 갈 수 있는 단서는 무엇인가? 그 분별력은 어떻게 개발되는가?

4장
하나님의 거울에 비친 모습

하나님이 주신 거울인 성경은 지금 그대로 좋다는 재확인이나, 그 생각을 확증할 수 있는 도구로 주어진 것이 아니다. 하나님의 말씀은 변화를 위해 우리에게 주어진 것이다.

제자도의 핵심 3
우리 자신을 삶의 권위와 초점으로 삼는 것에 대한 포기

    우리 가족은 동부 해변에서 2주간의 휴가를 보내고 이제 막 집으로 돌아왔다. 워싱턴과 필라델피아 그리고 뉴욕을 둘러본 이번 휴가는 참으로 멋진 여행이었다. 마침내 집에 돌아왔지만 몹시 피곤했고, 우유와 빵을 사기 위해 다시 가게에 들러야 했다.

    우리 내외가 쇼핑을 하는 동안 열 살 난 제레미는 가게 앞에 있는 손가락 모양으로 물건을 집어내는 장난감 기계에다 여행에서 남은 마지막 용돈을 털어내고 있었다. 그 아이는 거기서 작은 방울 모양의 덩어리가 든 상자를 얻었다. 벽에다 그 덩어리를 던져서 부딪히는 놀이기구였다. 벽에 붙은 그 덩어리는 납작하게 되어 찐득거리는 풀처럼 보였다. 아이들이 재미있다고 생각하는 것은 참 별게 다 있다. 상자에 붙은 안내문에는 그렇게 하더라도 벽에 얼룩이 남지 않는다고 써 있기는 했지만, 미루어 짐작컨대 허튼소리 같았다.

그래서 장난감을 살펴본 나는 아들에게 가벼운 경고를 주었다. "이걸로 뭘 하든지 상관없지만, 집 안 벽에다 던져서는 안 돼. 집 바깥 벽이나 콘크리트 벽, 담에는 던져도 되지만, 집 안 벽에다는 절대로 던지지 마라."

2층으로 된 우리 집은 거실 천장이 2층까지 뚫려 있는 구조로 되어 있었다. 제레미는 방울 덩어리를 가지고 놀다가 별안간 공중에다 그것을 냅다 던졌다. 결국 그 풀 같은 덩어리는 손이 닿을 수 없는 2층 둥근 천정에 붙어버렸다. 그리고 꿈쩍도 하지 않았다. 중력의 법칙이 작용해 저절로 떨어졌으면 싶었지만 뜻대로 되지 않았다. 오히려 "잘못될 가능성이 있는 것은 꼭 그렇게 된다"는 머피의 법칙만 작용했을 뿐이다.

거기 서서 언짢은 얼굴로 그 덩어리를 바라보는 것은 그리 유쾌한 일이 아니었다. 폭언을 퍼붓지는 않았지만, 나는 있는 대로 화가 났다. 그리고 할 수 있는 모든 방법을 동원했다. 긴 막대기를 이어 붙여 그 덩어리를 떼어내려고 해봤다. 마대자루 두 개를 테이프로 연결시켜서도 해보았다. 그것은 밀고 찌를수록 천장에 더 달라붙었다. 나는 점점 더 화가 났다. 결국 그 덩어리가 떨어지지 않을 것이 거의 확실시되자, 나는 회초리를 꺼내 아들에게 매질을 하기 시작했다.

아이들이 자랄 때, 나는 징계할 일이 있으면 매를 들곤 했다. 그렇지만 이번 경우에는 달랐다. 징계하기 위해서가 아니라 화가 나서 때리고 있었다. 제레미도 내가 화가 났다는 것을 알고 있었다. 홧김에 매질을 하고 있다는 것을 알았기 때문에 아이는 내 손을 피해 더욱 몸을 움츠렸다.

오랫동안 아이를 그렇게 심하게 때린 적은 없었고, 그때도 그렇게까지 할 생각은 아니었다. 그런데 어쨌든 나는 그렇게 했다. 한 주일 내내 멍청해진 기분이었다. 어쩌다 한 대가 엉덩이 윗부분에 맞았던 모양이다. 매질을 하는 동안 아이가 계속 몸을 움직이는 바람에 내가 손을 마구 움직여댔던 것이다. 엉덩이 위에 맞은 매는 아이 몸에 약간의 상처를 남기고 말았다. 처음에는 붉은색이었는데 점점 푸른색으로 변하더니 나중에는 검은색으로 변해갔다. 아들에게 상처를 남겼다는 생각에 일주일 내내 너무나 기분이 좋지 않았다.

누군가가 그 상처를 보면 나를 자녀를 학대하는 부모라고 생각할까 봐 걱정도 되었다. 나는 아이들을 함부로 다루거나 학대하지 않는다. 그러나 그때는 화가 났기 때문에 잘못 매를 들었고 그것은 아이에게 상처를 남겼다.

그런데 하필 그때 누군가가 우리에게 같이 수영을 하러 가자고 초청했다. 그해 여름 동안 같이 수영하자고 초청을 받은 것은 그때 한 번밖에 없었다. 나는 생각했다. 그들이 저 상처 자국을 보면 뭐라고 말할까? 모든 후회와 자책감이 다시 몰려왔다.

내가 해야 할 일은 한 가지밖에 없었다. 화를 냈거나, 하지 말아야 할 행동이나 말을 했을 때 취하던 모습을 보여주는 것밖에 없었다. 나는 무릎을 꿇고 제레미 침대 옆에 몸을 기대어 그 아이의 작은 얼굴을 똑바로 바라보면서 용서를 구했다. 그것은 아이의 마음을 감동시켰다. 제레미는 내게 용서를 구했고, 나는 그에게 용서를 구했다. 열 살 난 아들과 나는, 천장에 붙어 있는 장난감 풀덩이처럼 강하게 결속되었고 그 끈끈한 결속은 지금까지 계속되고 있다. 나는 그 주간 내내 "엉덩이는 좀 괜찮니?"라고 거듭 물었다.

아이는 그때마다 "괜찮아요, 아빠. 염려하지 마세요"라고 말했다.

나는 잘못된 행동을 했기 때문에 바보가 된 기분을 떨쳐버릴 수가 없었다.

왜 우리는 제자답게 행동하지 못하는가?

아들에게 매질을 하는 동안 누군가가 "당신은 아들에게 그렇게 하고 싶어요?"라고 물어온다면, 나는 "전혀 그렇지 않다"고 대답할 것이다.

그러면 다시 질문을 받게 될 것이다.

"아니, 그런데 왜 그렇게 하는 겁니까?"

"모르겠어요. 그냥 이렇게 되네요." 나는 그렇게 대답할 것이다.

후회했던 일을 해본 적이 있는가? 주워 담고 싶은 말을 한 적이 있는가? 물론 있을 것이다. 나는 스스로 부끄럽게 생각하는 일을 많이 했다. 아마 대부분의 사람이 그럴 것이다. 그렇게 하고도 우리는 스스로 괜찮은 사람들 가운데 하나라고 생각한다. 사도 바울도 그랬다.

로마서 7장 14-19절에서 그는 이렇게 쓰고 있다.

"우리가 율법은 신령한 줄 알거니와 나는 육신에 속하여 죄 아래에 팔렸도다 내가 행하는 것을 내가 알지 못하노니 곧 내가 원하는 것은 행하지 아니하고 도리어 미워하는 것을 행함이라 만일 내가 원하지 아니하는 그것을 행하면 내가 이로써 율법이 선한 것을 시인하노니 이제는 그것을 행하는 자가 내가 아니요 내 속에 거하는 죄니라 내 속 곧 내 육신에 선한 것이 거하지 아니하는 줄을 아노니 원함은 내게 있으나 선을 행하는 것은 없노라 내가 원하는 바 선은 행하지 아니하고 도리어 원하지 아니하는 바 악을 행하는도다."

20-24절까지 이어서 말한다.

"만일 내가 원하지 아니하는 그것을 하면 이를 행하는 자는 내가 아니요 내 속에 거하는 죄니라 그러므로 내가 한 법을 깨달았노니 곧 선을 행하기 원하는 나에게 악이 함께 있는 것이로다 내 속사람으로는 하나님의 법을 즐거워하되 내 지체 속에서 한 다른 법이 내 마음의 법과 싸워 내 지체 속에 있는 죄의 법으로 나를 사로잡는 것을 보는도다 오호라 나는 곤고한 사람이로다 이 사망의 몸에서 누가 나를 건져내랴."

이렇게 통렬하게 스스로를 드러내 보이는 말을 썼던 바울이 그때 느꼈을 감정을 느껴본 적이 있는가? 마음 깊숙한 곳에서 해서는 안

되는 일임을 알고 있으면서도 왜 스스로가 그렇게 하는지 이해하려고 애쓴 적이 있는가? 아마 당신은 질문의 답을 알고 있을지도 모른다. 나는 그 대답을 스스로 잘 알고 있다. 그렇다!

그것은 좌절감이다. 그렇지 않은가? 우리는 스스로를 그리스도인이라고 부른다. 그분께 나아오라는 주님의 부르심에 순종했고, 제자가 되기 위해 훈련받기 시작했다. 비길 데 없는 최상의 사랑으로 주님을 사랑하는 것을 배우고 있다. 그리고 그분의 말씀 가운데 거하기로 헌신하고, 말씀의 체육관에서 믿음을 연습하고 있다. 그리고 스스로 진보를 보이고 있다고 자부한다. 그러나 이제 단단한 벽에 부딪혔다. 바보 같은 짓을, 잘못된 짓을 저지른 것이다. 그래서 제자가 아니라 바보가 된 것 같은 느낌이 드는 것이다.

하나님의 말씀 안에 거하는 사람은 자유롭다. 그러나 자유롭지 못하다면 그것은 어떤 의미인가? 자신의 성격을 다스리는 데 여전히 어려움을 겪고 있다면 그것은 어떤 의미인가? 화가 났거나, 혀에 대한 통제력을 잃어버렸거나 직장 동료에게 야단을 치거나 징계가 아닌 분노로 자식을 매질했다면 어떻게 되는가? 자유로워져야 할 필요가 있는 습관이나 성품으로 인해 여전히 괴로움을 당하고 있다면 우리는 어떻게 해야 하는가?

이것을 극복하기 위해 세상이 가르쳐준 여러 방법들을 찾아보는 것은 매우 흥미로운 일이다.

그리스는 말했다… 지혜를 가져라, 네 자신을 알라.

로마는 말했다… 강하여라, 네 자신을 훈련하라.

유대교는 말한다… 거룩하라, 네 자신을 순복시켜라.

쾌락주의는 말한다… 관능적이 되라, 네 자신을 즐겨라.

교육은 말한다… 풍부한 자원을 가져라, 네 자신을 확장하라.

심리학은 말한다… 자신감을 가져라, 네 자신을 충족시켜라.

물질주의는 말한다… 탐욕적이 되라, 네 자신을 기쁘게 하라.

교만은 말한다… 우월하라, 네 자신을 선전하라.

금욕주의는 말한다… 열등하라, 네 자신을 억제하라.

중도주의는 말한다… 온당하라, 네 자신을 조절하라.

공산주의는 말한다… 공동으로 하라, 네 자신을 확고히 하라.

인본주의는 말한다… 유능하라, 네 자신을 신뢰하라.

박애주의는 말한다… 이타적이 되라, 네 자신을 주라.

그러나 예수님이 하신 말씀을 보라. 마태복음 16장 24절, 마가복음 8장 34절, 누가복음 9장 23절 등 복음서 세 군데를 찾아보라. 그것이 바로 제자의 세 번째 특징이다. 마태가 기술한 표현을 보라.

"누구든지 나를 따라오려거든 자기를 부인하고 자기 십자가를 지고 나를 따를 것이니라."

예수님은 말씀하신다… 네 자신을 부인하라.

헌신된 제자의 세 번째 특징은 바로 이것이다. 제자라면 반드시 자신을 부인해야 한다. 복음서에 이 말은 세 번 나온다. 그런데 각각의 기자마다 이 말의 등장을 둘러싼 자세한 내용에 대해, 그리고 특별히 이 말의 대상인 청중에 대해 조금씩 다른 사실을 전하고 있다.

먼저 마태의 이야기를 들어보자. 예수님이 자신이 십자가로 가실 것과 고난당하실 것을 알리셨을 때, 그 말을 들은 베드로는 "주여, 그리 마옵소서"라고 외쳤다. 그것은 "안 됩니다! 주님!"이라고 말한 베드로의 모순된 생각을 보여주는 대목이다.

가엾은 베드로. 그는 참 우리와 비슷하다. 그는 그렇게 오랫동안 그것을 깨닫지 못하고 있었다. "안 됩니다, 주님!"이라고 말하는 것이 얼마나 낭비 그 자체인지 이해하지 못하고 있었다. 그것은 마치 군대에서 "열 개의 임시 막사를 당장 만들라!"고 명령하는 훈련 교관에게 "이봐요, 교관! 나는 그렇게 하기 싫은데!"라고 대답하는 것과 같다. 앞에서도 말했듯이 '안 됩니다' '주님', 이 두 말은 함께 사용될 수 없다. 우리가 할 수 있는 유일한 대답은 "알겠습니다. 즉시 시행하겠습니다"라는 말밖에 없다.

그런데 베드로는 그렇게 말하는 대신 "주여, 그리 마옵소서"라고 말했다. 그것은 곧 "주님, 주님은 결코 죽지 않습니다. 그런 일이 일어나게 하지는 않을 겁니다. 안 돼요, 절대로 안 됩니다"라는 의미다.

예수님은 이렇게 응답하신다. "사단아 내 뒤로 물러가라. 너는 나를 넘어지게 하는 자로다. 네가 하나님의 일을 생각지 아니하고 도리어 사람의 일을 생각하는도다." 그 다음 계속 16장 24절에서 주님은 시대를 넘어 우리에게 메아리쳐온 직접적인 권면을 주신다. "누구든지 나를 따라오려거든 자기를 부인하고 자기 십자가를 지고 나를 따를 것이니라."

자, 이것을 곰곰이 생각해보자. 마태는 예수님이 그 말씀을 누구에게 하셨다고 하는가? 주님의 제자들이다. 그렇다면 그것은 오늘날 누구에게 하는 말인가? 주님의 제자들이다. 그러면 예수님은 누구에게 말씀하신 것인가?

주님은 우리에게 말씀하신다. "너희는 나를 따라오려거든 자기를 부인하고 자기 십자가를 지고 나를 따를 것이니라."

하나님의 말씀을 바라보는 것은 마치 거울을 보는 것과 같다. 우리는 거기서 두 가지를 볼 수 있다. 첫째는 하나님이 어떤 분인가를, 둘째는 나는 어떤 사람인가를 발견하게 된다.

수년 동안 방송되었던 〈행복한 날들(Happy Days)〉이라는 텔레비전 프로그램이 있다. 극의 타이틀이 나오면서, 극중에서 폰즈로 분한 아더 폰자렐리(Arthur Fonzarelli)는 흰색 티셔츠에 검은 가죽 점퍼와 청바지에 검은 구두를 신고, 얼굴 옆부분과 앞부분 전체를 매끄럽게 넘긴 머리 모양을 하고 등장한다. 그는 거울 앞에서 빗을 꺼내 빗질을 시작한다. 그러다 빗질을 멈추고 다른 누군가의 잘못을 고쳐주기라도 하듯 말한다. "이봐, 폰즈는 머리에 빗질을 하지 않아. 그렇게 할 필요 없어. 이미 완벽한데, 뭘 더 좋게 만들겠다는 거야?"

하나님의 말씀이라는 거울을 보면서 말쑥하고 완벽한 자화상을 보는 것 같다고 생각하는 사람이 더러 있다. 야고보는 그런 폰즈 타입의 그리스도인들을 위해 몇 마디 뼈 있는 말로 권면하고 있다. "누구든지 말씀을 듣고 행하지 아니하면 그는 거울로 자기의 생긴 얼굴을 보는 사람과 같아서 제 자신을 보고 가서 그 모습이 어떠했는지를 곧 잊어버리거니와 자유롭게 하는 온전한 율법을 들여다보고 있는 자는 듣고 잊어버리는 자가 아니요 실천하는 자니 이 사람은 그 행하는 일에 복을 받으리라"(약 1:23-25).

아침에 일어나자마자 거울을 보고는 "야! 괜찮은데"라고 감탄하는 사람은 거의 없다. 침대에서 막 나온 흐트러진 모습을 보면 손질할 여지가 많다는 것을 단박에 알 수 있다. 거울은 자기 감동이나 탄식을 불러일으키는 반사경이 아니라 잘못을 지적해주는 도구다. 변화시킬 부분이 어디인지 찾는 것이 바로 가장 효과적인 거울 사용법이다. 스스로 감탄하거나 탄식하기 위해 거울을 보는 사람은 자기 모습을 보면서 고칠 게 전혀 없다고 생각한다.

하나님이 주신 거울인 성경은 지금 그대로도 좋다는 재확인이나 그 생각을 강화시키기 위해 주어진 것이 아니다. 하나님의 말씀은 변화를 위해 우리에게 주어진 것이다. 그리고 성경이 변해야 할 필요가 있다고 지적하는 것은, 우리 자신을 부인하는 것에 대한 말씀이다. 성경은 "자신에게 '아니요'라고 말하라"고 요구한다. 그것은 부인한다는 의미인데, 헬라어로 '아르네오마이(arneomai)'다. 그 뜻은 자신에게 "아니요라고 말하는 것"이다.

우리 자신을 부인하라는 예수님의 권면에 대해 세 복음서 기자는 조금씩 다른 말들로 그 명령을 기록하고 있다. 그것은 그 기사를 읽는 사람들이 누구나 하나님이 그 말씀을 어떻게 지시하셨는지 이해하도록 하기 위해서다. 마태는 유대인들을 대상으로 기록하면서 예수님이 제자들에게 말씀하셨다고 말한다. 마태는 이렇게 말한다. "제자들은 스스로에 대해 "아니요"라고 말해야 하며, 자기 십자가를 지고 예수님을 따라야 합니다. 왜냐하면 그것이 제자의 특징이기 때문입니다."

마가는 다른 집단을 포함시킨다. 마가복음 8장 34절은 이렇게 기록하고 있다. "무리와 제자들을 불러 이르시되 누구든지 나를 따라오려거든 자기를 부인하고 자기 십자가를 지고 나를 따를 것이니라." 마가는 예수님의 말씀을 제자들뿐만 아니라 무리들을 위해서도 기록했다. 아직 믿음의 일꾼이 되지는 않았지만, 예수 그리스도의 제자가 된다는 것이 어떤 의미인지 알고 싶다면, 우리도 "아니요"라고 말할 필요가 있다. 또 그것은 십자가의 함축적인 의미와 그리스도를 따라야 한다는 사실을 알고 싶어하는 것과 같다.

다음으로 살펴보는 누가복음 9장 23절은 일반 청중 안에 모두를 포함시키고 있는 것으로 보인다. 누가는 이렇게 이야기하고 있다. "또 무리에게 이르시되 아무든지 나를 따라오려거든 자기를 부인하고 날마다 제 십자가를 지고 나를 따를 것이니라." "날마다 십자가를 지라"는 말씀에서 '날마다'라는 말이 첨가된 것에 유의하라. 뒤에 누가복음 14장 27절에서 예수님은 "누구든지 자기 십자가를 지고 나를 따르지 않는 자도 능히 내 제자가 되지 못하리라"는 말씀을 덧붙이셨다.

삶의 권위와 초점의 변화

자신에게 "아니요"라고 말하는 헌신된 제자의 세 번째 특징은, 자신이 삶의 권위와 관심의 초점이 되는 것을 포기하는 것이다. 스스로에게 관심을 집중하는 대신, 모든 권위를 가진 주님이신 예수 그리스도께 초점을 두어야 한다. 책임자는 그분이시다. 그분이 모든 것 위의 머리시다.

함께 운동하는 내 코치 중 한 사람은 사무실에 크고 두꺼운 글씨로 이렇게 적어두었다. "코치가 항상 옳은 것만은 아니다. 그렇지만 나는 언제나 코치다." 그 말 바로 밑에는 약간 작은 글씨로 이렇게 덧붙여 있다. "그러므로 내가 점프하라고 말하면 너희들은 점프해야 한다. 얼마나 높이 뛰어야 하는지 물어야 한다." 그 밑에는 더 작은 글씨로 이렇게 적혀 있다. "그리고 그 위치에 너희가 얼마나 오래 머물러야 하는지 나에게 물어보라."

그것은 코치의 권위에 대한 성명서였다. 누가 그 말을 읽든지 그는 코치였다. 그러므로 선수들은 그가 말한 대로 해야 했다. 마찬가지로 예수 그리스도가 "나를 따르라"고 말씀하시면, 유일하게 옳은 방법은 하나뿐이다. "알겠습니다, 주님. 바로 그렇게 하겠습니다. 얼마나 높이 뛸까요? 제가 그 자리에 얼마나 오래 머물러 있기를 원하십니까?"

점프는 누구나 즐겨 하는 일은 아닐지 모른다. 소파 위에 푹 퍼져 누워 있거나 공원을 어슬렁거리고 싶을지도 모른다. 하나님이 우리에게 원하시는 일은 너무 힘들고, 너무 멀고, 너무 어색하고, 너무 긴 시간이며, 너무 과한 것인지도 모른다. 그러나 주님의 제자가 되기 위해 우리는 반드시 자신을 부인하고, 그분의 권위에 복종해야 한다. 우리가 하고 싶은 일이 우리의 초점이 되어서는 안 된다.

삶의 통제의 변화

도대체 왜 하나님은 그리스도인들에게 자기를 부인하라고 하셨는가? 왜 하나님은 우리 자신에 대해 "예"라고 말하기를 원치 않으시는가? 하나님이 우리에게 자기를 부인하고 날마다 십자가를 지고 그분을 따르라고 말씀하신 이유를 이해하기 위해 갈라디아서 5장 16-17절을 살펴보자. "내가 이르노니 너희는 성령을 따라 행하라 그리하면 육체의 욕심을 이루지 아니하리라 육체의 소욕은 성령을 거스르고 성령은 육체를 거스르나니 이 둘이 서로 대적함으로 너희가 원하는 것을 하지 못하게 하려 함이니라."

그리스도인의 성품은 스스로 내버려두면 언제나 육체를 즐겁게 하려고 한다. 성령을 따라 행하지 않는다면, 결국 육체의 욕심을 이루게 되는 이유가 바로 그것이다. 육체와 성령은 서로 대적한다. 육체가 하기 원하는 것을 성령은 원하지 않으신다. 성령이 하기 원하시는 것을 육체는 원하지 않는다. 그러므로 우리는 '육체가 좋아하는 것'을 할 수 없다. 그 말은 우리가 우리 보기에 좋은 대로 할 수가 없으며, 예수님의 제자로서 우리 자신을 나타내야 한다는 의미다.

누가는 이 특성을 우리 삶 속에 반영시켜야 한다고 말했다. 우리는 그의 말을 기억해야 한다. 삶의 중요한 사건들은 물론, 일상을 채우는 일상적이고 평범한 사건에 이 특성을 반영시켜야 한다. 예를 들어, 고속도로에서 어떤 사람이 바로 앞에 끼어들면 비키라고 말하고 싶을 것이다. 운전은 이런 식으로 하라고 말해주고 싶을 것이며, 그 사람의 지능을 의심하기도 할 것이다.

언젠가 무디 성경대학 총장인 조셉 스토웰(Joseph Stowell)이 그리스도인이 되는 문제점에 대해 이렇게 말하는 것을 들은 적이 있다. "그리스도인이 된다는 것은 누군가에게 화가 났을 때, 우리 마음속에 있는 것을 진정으로 표현할 모든 적당한 동작과 단어를 잃어버린다는 의미다. 때때로 우리는 정말 이렇게 하고 싶다. '멍청이 같으니라구. 이 머저리 같은 양반아! 이 쓰레기 같은 인간아! 도대체 운전을 어디서 배운 거야? 놀이공원의 범퍼카에서 배웠나?' 그러나 그리스도인은 그 와중에 할 말, 안 할 말, 할 일, 안 할 일 등을 가려야 한다. 정말로 쓰고 싶은 언어에 대해 스스로를 부인해야 하며, 마음에 떠오르는 동작을 변경해야 한다. 대신 '형제여, 축복받으시기를' 그렇게 말해주어야 한다."

운전석에 앉아 생각 없이 차를 모는 운전자에게 그렇게 추한 말들을 내뱉고 싶은 것이 바로 진정한 우리의 모습 아닌가? 잠시 동안 성령의 통제로부터 빠져나가려는 순간인 것이다. 「삶의 계절에 따른 건강한 성장(Growing Strong in the Seasons of Life)」에서, 찰스 스윈돌(Charles Swindoll)은 통제에서 벗어난 모습을 보여주는 좋은 예를 이렇게 소개하고 있다.

어제 나는 취했다.

그러나 잠깐만! 지금 당장 전화로 대여섯 명의 친구들에게 이 사실을 알리기 전에, 나는 몇 가지 설명을 하고 싶다. 나는 치과 의사가 잘못한 치료의 희생자였다. 그는 치아를 치료하면서 넴부톨 80밀리그램을 아무 죄 없는 내 혈관에 투약했다. 그것은 나로 하여금 터무니없는 말과 행동을 하게 만들었다. 해병대 교관의 얼굴을 붉히게 만드는 그런 말을 했고, 그것은 내가 목회자라는 사실을 의심하게 만들기에 충분한 것이었다. 나의 그런 모든 행동이 녹음 테이프로 만들어졌다는 이야기를 들었다. 그 치과에 근무하는 모든 직원이 나를 협박하기에 충분한 정보를 가지고 있는 게 틀림없다. 그렇지만 그들은 비밀을 지켜주기로 했다. 나는 제발 그렇게 하기를 바랄 뿐이다.

사랑하는 아내가 차에서 내리는 것을 도와주었을 때, 그리고 내가 비틀거리면서 요란한 노래를 부르며 현관 쪽으로 걸어갔을 때, 이웃들은 양미간을 찌푸리며 성을 냈을 것이다. 아내는 내가 모기 한 마리를 보고 크게 두세 번 주먹을 휘둘러댔다고 말했다. 그리고 목회자에게 어울리지 않는 몇 마디 표현들이 튀어나왔다. 세 시간 뒤 안뜰에서 깨어났을 때, 아이들은 엉망이 된 내 모습을 두고 여전히 킥킥대고 웃고 있다. 그들 또한 비밀을 지키기로 했다. 아무래도 그렇게 하는 것이 그들 신상에 좋을 것이다.

통제의 나사가 풀렸을 때, 얼마나 기막힌 일이 일어나는가? 어느 때는 믿을 수 없을 정도다. 정상적인 상태였다면, 나는 "치과라는 곳은 순 사기꾼들이 있는 곳"이라고 소리치지 못할 것이다. 그러나 어제 나는 그렇게 했다. 담당 치과 의사와 의료 팀들 앞에서 말이다. 젊은 여성에게 "당신은 너무 말이 많으니 여기서 나가시오!"라고 말하지도 않는다. 그러나 나는 병원 치위생사들에게 정확히 그렇게 말해버렸다.

넴부톨 때문에, 나는 드러내지 말아야 할 사적인 감정이나 생각을 포함해, 은밀한 부분이나 감추어야 할 내용이 없는 훤히 열려 있는 책이 되었다. 제어할 수 없었던 몇 시간 동안 내 감정은 멋대로 흘렀다. 내 삶의 페이지에서 가공되지 않은 그 생생한 사실을 없애거나 손해를 회복할 방법은 하나도 없다.

우리 안에 감추어져 있던 본성이 드러나는 것은 언제나 유쾌한 것만은 아니다. 어떤 사람에게 저리 꺼져버리라고 말하거나, 다른 사람의 멍청함을 지적하거나, 화를 내거나, 아니면 훗날 후회할 일을 하게 만드는 '육체의' 충동에 지지 않기 위해, 그리고 그런 본성들을 통제하기 위해 우리는 끊임없이 노력해야 한다. 우리는 성령의 통제를 받고 싶어하지만, 육체는 언제나 우리에게 도전하면서 우리를 괴롭히고 통제하려고 든다.

혼자서는 전쟁을 이길 수 없다

육체를 따라 행하지 않고 성령을 따라 행하는 문제를 놓고 애쓰는 것은 우리 삶 속에 작용하는 두 가지 법칙, 곧 두 원리와 씨름하는 것과 같다고 성경은 말한다. 그 원리 중 하나는 중력의 법칙과 같고, 또 다른 하나는 공기 역학의 법칙과 같다.

한 예를 들어보겠다. 만약 당신이 나를 본다면, 한때 내가 농구를 했다는 사실을 믿기 어려울 것이다. 어쩌면 당신은 내가 농구 경기를 했던 선수였다기보다는 차라리 농구공 같다고 말할지도 모른다. 그렇게 보는 것이 당연하다. 그러나 내가 농구를 했다는 것은 사실이다. 사실 나는 고등학교 때부터 대학 때까지 줄곧 농구를 했고, 심지어 대학 농구 코치까지 지냈다.

신학교와 목회 사역과 책상머리에 앉아 있는 것, 그리고 공부하는 것은 운동 선수에게 어울리지 않는 일인지도 모른다. 지금까지도 내 몸은 오래전에 잊어버린 동작을 그대로 간직하고 있다. 물론 그 반대의 경우도 있다. "마음은 수표를 쓰지만 몸은 그만한 현찰을 내놓지 못한다"는 친구의 말처럼 말이다. 고등학교 2학년이 될 때까지 나는 불과 148센티미터였다. 놀랍게도 그후 나는 155센티미터까지 자랐다. 나는 우리 팀이 속한 고등학교 리그에서 극소수의 155센티미터 가드 중 한 사람이었다. 그러나 나는 그때 키가 작은 대신 몸 동작이 민첩했고, 3점 슛도 할 수 있었다. 기술이 곧 나의 구원이었다.

하루는 체육관에서 한 친구가 이렇게 말했다. "마크, 네 힘으로 절대로 할 수 없는 일을 한번 해보는 걸 어떻게 생각하니? 덩크 슛 한번 안 해볼래?"

"그래, 한번 해보고 싶어." 나는 그렇게 대답했다. 친구는 농구 코트 밖에 있는 접이식 의자를 가져다 골대로부터 적당히 떨어진 곳에 놓았다. 그리고 뛰어와서 점프하더니 의자의 앞쪽 끝을 딛고 발을 굴러 골대까지 오른 다음, 공을 집어넣는 방법을 시범적으로 보여주었다. 거기에는 내가 덩크 슛 하는 모습을 찍기 위해 학교 앨범 사진사까지 와서 대기하고 있었다.

상상해보라. 신장 155센티미터의 가드가 덩크 슛 하는 모습을. 그것은 그해 학교 앨범의 기록 사진 한 장으로 남게 되는 것이다. 나는 스타덤에 오르는 것 같은 꿈을 꾸었다.

다른 두세 명의 선수들이 코트를 뛰어와 의자를 딛고 덩크 슛 하는 모습을 바라보았다. 나는 너무 흥분된 나머지 차례를 기다릴 수 없을 지경이었다.

중력의 법칙 때문에 의자 없이 덩크 슛은 불가능했다. 또 나는 공기 역학의 법칙 때문에, 뛰어온 여세를 몰아 앞으로 나갈 때 어느 정도 추진력이 있다는 사실도 알고 있었다. 나는 의자만 믿고 중력의 법칙은 무시한 채, 공기 속을 뚫고 덩크 슛을 하는 내 모습을 상상했다.

내가 이해하지 못했던 것은 접이식 의자의 법칙이라는 사실이었다. 나는 코트를 뛰어 접이식 의자의 앞부분이 아니라 뒷부분을 밟고 말았다. 그것을 밟자마자 내 발은 의자 뒤로 미끄러져 의자도 접히고 나도 접히고 말았다. 그 다음에 본 것은 체육관 벽에 부착된 초록색 고무 매트가 클로즈업된 광경이었다. 덩크 슛을 실패하고 만 것이다. 나는 모교에서 일어난 충돌 사건 가운데 가장 큰 구경거리가 된 벽과의 충돌 사건이라는 전설을 남겼다. 그야말로 볼 만한 광경이었다.

그리스도인의 삶에서 육체의 법칙은 접이식 의자의 법칙과 유사하다. 그런 법칙이 있다는 사실조차 인식하지 못하겠지만 그 법칙은 존재한다. 다른 우주의 법칙처럼 그것 역시 확실히 존재한다. 목표에 도달할 것이라고 생각하는 바로 그 순간, 그것은 우리를 꺾어 넘어뜨리고 벽으로 내팽개친다.

육체의 법칙을 피하는 방법은 단 한 가지밖에 없다. 갈라디아서 5장 18-23절의 교훈이 바로 그것이다. "너희가 만일 성령의 인도하시는 바가 되면 율법 아래에 있지 아니하리라 육체의 일은 분명하니 곧 음행과 더러운 것과 호색과 우상 숭배와 주술과 원수 맺는 것과 분쟁과 시기와 분냄과 당 짓는 것과 분열함과 이단과 투기와 술 취함과 방탕함과 또 그와 같은 것들이라 전에 너희에게 경계한 것 같이 경계하노니 이런 일을 하는 자들은 하나님의 나라를 유업으로 받지 못할 것이요 오직 성령의 열매는 사랑과 희락과 화평과 오래 참음과 자비와 양선과 충성과 온유와 절제니 이같은 것을 금지할 법이 없느니라."

달리 말하면 육체의 법칙을 피하는 단 하나의 방법은 성령의 법에 따라 인도를 받는 것이다. 그렇지 않으면 '육체의 일'은 우리의 삶 속에서 확실히 일어난다. 그리고 이 '일'은 제자의 특징이 아니다. 그런 일이 그리스도인들의 삶에 있어서는 안 된다. 육체의 일이라는 특징으로 가득 찬 삶은 육체의 통제를 받는 삶이다. 이런 일은 너무 쉽게 일어난다. 때때로 이런 행동은 자연스러운 충동처럼 보인다. 달리는 차 앞에 누군가 끼어들면 당장 그 운전자를 후회하게 만들고 싶다. 아이가 방울 모양의 덩어리를 천장에 붙여놓으면 성질에 못 이겨 아이를 심하게 혼내고 만다. 그렇게 우리는 육체에 굴복하지만, 그것은 자신을 부인하는 일보다 훨씬 간단하고 쉽다.

예수님은 이렇게 말씀하셨다. "너희가 내 제자가 되고 싶다면, 너희 자신을 부인하라. 내가 너희 삶 가운데 권위 있는 목소리가 되마. 나의 영혼이 너희를 통제하게 하라." 우리는 오직 그분의 도움으로만 육체의 강한 통제로부터 벗어날 수 있다. 그리고 그분의 도움으로 '사랑과 희락과 화평과 오래 참음과 자비와 양선과 충성과 온유와 절제'를 포함한 '성령의 열매'를 얻을 수 있다. 예수님이 말씀하신 것처럼, 성령 안에서 행하며 이런 '열매들'을 얻기 위해 애쓰는 이들에게는 아무런 정죄함이 없다.

우리는 어떻게 육체의 통제에서 벗어나 성령의 통제 아래 거할 수 있을까? 그 첫 번째 단계는 너무 간단하다. 그것은 "자기를 부인하라"는 단 두 마디에 불과하다. 그러나 그 간단한 말에 귀 기울이는 유일한 방법은 곧 우주에서 가장 강력한 이의 도움을 받는 것이다.

주님은 죄와 자아에서 벗어나는 길을 내어주신 분이다. 그리고 우리 자신을 위해 사는 삶에서 그리스도를 따르는 삶으로 나아가는 다리를 공급해주신 분이다. 그 다리는 십자가다. 십자가를 통해 사람들은 그리스도와 관계를 맺으며, 그것으로 말미암아 헌신된 제자들은 그리스도인의 삶 속에 계속되는 도전 가운데서 죄와 자아로부터 자유를 발견할 수 있다.

토론 문제

1. 다음 구절들은 자기를 부인하는 것이 왜 필요한가를 이해할 수 있도록 돕는 어떤 진리를 말해주는가?

    마음의 문제(렘 17:9)
    정신의 필요(롬 12:1-2)
    영혼의 위험(고후 11:2)

2. 로마서 7장 14-25절에 나타난 씨름을 설명해보라. 왜 두 가지 충동이 모두 대명사 '나'와 '나를'로 불리웠는가? 이것은 예수님이 우리에게 부인하라고 명하신 그 '자아'의 문제를 정의하는 데 어떤 도움을 주는가?

3. 당신의 삶 속에서 현재 하나님이 당신 스스로를 부인하도록 요구하시는 영역은 무엇인가? 자신을 부인하기 위해 주님으로부터 어떤 능력을 받을 필요가 있는가?

4. 어떻게 성경이 거울의 기능을 하는가? 다음 구절들을 살펴보고 하나님의 말씀이 오늘 당신에게 어떻게 영향을 미치는지 리스트를 만들어보라. 목록을 만들면서 주제별 순서에 주의를 집중하라.

    야고보서 1:18
    베드로전서 1:22-25
    로마서 10:17
    시편 19:9-11

히브리서 4:12

시편 119:11

시편 119:105

예레미야 23:29

베드로전서 2:2

야고보서 1:23-25

잠언 4:20-22

시편 119:9, 111

골로새서 3:16

5. 갈라디아서 5장 16-25절에 의하면 그리스도의 본성은 무엇이며, 그 갈등의 비밀은 무엇인가?

5장
죽음까지도 각오하라

하나님이 완전하신 뜻을 우리에게 펼치신다면 그분이 제일 먼저 다루실 것은 무엇인가? 주저 말고 믿음으로 그리고 사랑의 동기에서 이렇게 말하길 바란다. "주님, 제 삶에서 그 죄를 걸러내주십시오."

제자도의 핵심 4

복종의 삶과
십자가에 대한 희생

둘째 아들 제레미가 태어난 바로 다음 주일, 조쉬와 나는 노스 피닉스에 있는 벨 로드를 가로질러 교회로 가고 있었다. 그때 조쉬는 다섯 살이었다. 우리는 대개 다섯 살짜리가 무슨 생각을 하고 있는지 다 알고 있지 않은가? 적어도 나는 그날까지 그렇게 믿고 있었다. 조쉬와 나는 부자지간에 나눌 수 있는 일상적인 이야기를 하고 있었는데, 그 아이가 불쑥 이렇게 말했다. "아빠, 내 시스템에 대해 아빠에게 말씀 드린 적이 있나요?"

나는 그 아이가 무엇을 말하는지 몰라서 그런 적이 없다고 말했다.

조쉬는 자기가 생각하는 것을 하나하나 열거해나가면서, 자기 머리의 여기저기를 손가락으로 가리켰다. 머리 오른쪽을 가리키면서, "여기엔 헤자드 공작의 차가 들어 있어요"라고 말했다. 머리 왼쪽을 가리키면서는 "이쪽 편엔 별들의 전쟁 장난감이 있고, 위에는 만화가 있어요"라고 말했다. 그 다음에는 손을 머리 뒷부분으로 가져가더니, "이 뒤엔 십자가에서 죽으신 예수님이 있어요"라고 덧붙였다.

그러고는 내가 말하기도 전에 "그런데 아빠, 내 시스템엔 비밀이 하나 있어요"라고 조용히 말했다.

나는 계속 운전을 해야 할지, 아니면 차를 길 옆에 대고 조쉬의 말을 신중하게 들어야 할지 알 수가 없었다.

조쉬는 이렇게 설명했다. "이것들은 언제나 회전하면서 머릿속을 맴돌아요. 대개 만화나 별들의 전쟁 장난감을 생각해요. 내 차를 운전하고 싶다가도 예수님이 나를 위해 십자가에서 죽으신 것을 생각하기도 해요."

나는 그날 아이의 말을 잊을 수가 없다. 특히 그 다음에 한 말은 더욱 그렇다. "아빠." 아이는 이렇게 마무리를 시작했다. "그런데 제가 정말 해야 하는 일은(자기 머리 뒷부분을 가리키며) 이 뒤에 있는 예수님을 여기로(머리 앞부분을 가리키며) 모셔오는 일이에요."

나는 거의 울 뻔했다. 그래서 하마터면 길에서 벗어날 뻔했다. 어린아이가 어떻게 그런 깊은 생각을 할 수 있을까? 나는 다섯 살짜리로부터 생각과, 십자가의 중요성과, 십자가를 생각하는 것이 중요하다는 사실이 어떻게 서로 연관이 되는지를 배웠다.

헌신된 제자의 네 번째 특징이자 핵심적인 특징은 바로 그 진리를 다루고 있다. 그것은 날마다 그리고 우선적으로 십자가를 생각하는 필요성이다.

십자가를 진다는 의미

예수님이 십자가에 못 박히시기 전, 예수님으로부터 "십자가를 지라"는 말씀을 들은 제자들은 어떠했을까 한번 상상해보라. 십자가 사건 후에 예수님과 인류에게 그것이 특별한 의미가 되었다는 기존의 사실을 잊어버리고, 예수님이 제자들에게 이렇게 말씀하셨을 때 그들이 어떻게 느꼈을지 상상해보라. "잘 들어라. 나는 예루살렘에 가서 죽을 것이고 삼 일 후에 죽음에서 부활할 것이다. 만약 누구든지 나를 따르려면 너희 자신에게 아니요라고 말하고 매일 자기 십자가를 지고 나를 따라오너라."

예수님이 십자가에 못 박히시기 전에 십자가에 대한 제자들의 생각을 상상해보라. 그들에게 십자가의 의미는 가장 고통스러운 방법으로 범죄자를 죽이는 고문과 죽음의 도구였다. 그들은 앞으로 십자가가 사람들을 죄에서 구원하는 수단이 될 것이라고는 전혀 생각하지 못했다. 그러한 전제들을 고려하면서, 둘러앉아 깊이 생각에 잠긴 채 예수님의 말씀을 듣고 있는 제자들의 모습을 그려보라. 틀림없이 그들은 십자가가 내포하는 잔인성에 대해 전율하고 경악했을 것이다. 그리고 예수님이 그 끔찍한 십자가를 한 번도 아닌 매일 지라고 하신 말씀에 대해 두려워 떨었을 것이다.

십자가 처형의 잔인함과 견줄 만한 것은 아무것도 없다. 그러나 만약 예수님이 오늘날 우리를 향해 부르신다면 아마 이렇게 말씀하실 것이다. "만일 너희 가운데 누구든지 나를 따르려고 한다면 전기 의자에 앉아 네 자신의 전선을 감고 벨트를 맨 뒤 나를 따라오너라. 가스실을 작동하기 위해 용액에다 청산가리 캡슐을 떨어뜨리고 나를 따라오너라."

백 년 전이었다면 이렇게 말씀하셨을 것이다. "만일 나를 따라오기 원한다면, 스스로 자기 교수형의 올가미를 묶고 교수대 발판 위로 올라간 후에 나를 따라오너라." 아니면 "총에다 총알을 장전해 그것을 총살 집행자들에게 건네주고 그들을 바깥으로 데리고 나온 후에 나를 따르라."

그것은 자발적인 행위다

자기 목숨을 앗아가는 처형의 수단을 준비하도록 강요받는 것은 가장 굴욕적인 행위다. 그렇지만 여기에 중요한 요점이 있다. 예수님은 강요받지 않으셨다는 것. 그분은 자발적으로 가셨다. 그리고 제자들에게 요구하셨던 것도 바로 자발적인 행위였다.

로마 정부는 정죄된 범법자가 로마 정부의 권위에 복종한다는 것을 공식적으로 나타내는 표시로, 처형장까지 자신의 십자가를 지고 가도록 명했다. 그러나 예수님은 하나님의 섭리로 십자가를 지고 가시다가 넘어지셨다. 그때 예수님 대신 구레네 시몬이 그것을 지고 가도록 강제로 동원되었다.

  성경은 아무도 예수님의 생명을 빼앗을 수 없다고 말한다. 그분은 자발적으로 생명을 내놓으셨다. 그분은 로마에 복종하는 가장 굴욕적인 행위를 하지 않으셨다. 하나님은 그렇게 하지 않도록 예수님을 보호해주셨고, 예수님은 생명을 자진해서 내려놓으셨다. 예수님이 "너희가 나를 따라오려거든 자기를 부인하고 날마다 자기 십자가를 지고 나를 따를 것이니라"고 말씀하셨을 때 우리에게 요구하신 것이 바로 이것이다. 오늘날 우리는 그 말이 무엇을 의미하는지 잘 이해하고 있다. 그리스도인으로서 자발적으로 복종과 희생을 받아들이는 것이다. 그것이 바로 그리스도인의 삶을 산다는 의미다. 제자의 네 번째 특징이 바로 이것이다. 십자가는 지옥에서 탈출하여 천국으로 들어가는 다리다. 또 우리를 자연의 세계에서 영적인 세계로 옮겨준다. 이렇게 죽음에서 생명으로 영원히 옮겨주는 영적인 운송 역할 이외에, 십자가는 이땅에서 우리가 매일 일상적으로 부딪히는 일들 속에서 엄청난 변화를 만들어낸다. 왜냐하면 십자가는 여전히 그분으로부터 우리에게 오는, 그리고 우리로부터 그분에게로 가는 다리이기 때문이다.

  당시에 예수님의 제자들은 십자가의 깊은 의미를 알 수 없었다. 주님의 입에서 직접 그런 말들이 튀어나왔을 때, 그들은 눈썹을 찌푸리고 수염을 쓰다듬으면서 속으로 "도대체 무슨 말씀을 하시는 거야?"라고 했을 것이다.

  예수님은 또 제자들에게 세상 역시 자신이 하는 일을 이해하지 못할 것이라고 경고하셨다. 그래서 제자들에게 이렇게 말씀하셨다. "나는 너희가 나를 정말로 따르고 싶어하는지 알고 싶다. 왜냐하면 그것은 평생을 거는 헌신이기 때문이지. 그것은 희생의 헌신이고, 구별된 삶을 살고자 하는 헌신이며, 날마다 나를 따라오는 헌신이다. 너희들은 정말 그렇게 하려느냐?"

그것은 매일의 일이다

누군가 매일이라는 단어를 사용한다는 사실만으로도 우리는 그 사람이 육체적인 죽음이나 심지어는 순교자의 죽음을 말하는 것이 아닐 것이라고 짐작한다. 비록 매일 십자가를 지는 일이 어떤 사람에게는 육체적인 죽음을 가져다줄 수도 있지만 말이다.

주님은 이렇게 말씀하신다. "너희들은 평생 동안 십자가를 져야 할 필요가 있다. 이제 매일 매시간마다 나를 따른다는 것이 어떤 의미인지 생각해봐야 한다. 너희들은 그렇게 하려느냐?" 바울은 그것을 매일 죽는 것으로 이해했다. 그래서 "예수의 생명이 또한 우리 죽을 육체에 나타나게"(고후 4:11) 되는 것이다.

그렇다면 우리는 어떻게 해야 하는가? 어떻게 매일 십자가를 질 수 있는가? 그것이 복종과 십자가에 대한 희생의 삶을 사는 제자도의 네 번째 교훈이자 특징이다. 나는 매일 십자가의 관점으로 살아갈 수 있는 실제적인 방안과 납득할 만한 방법들을 소개하려고 한다.

이 부분은 제자도에서 매우 중요한 대목이다. 이것이 제자도의 일곱 가지 특징 중 한가운데인 네 번째가 된 데에도 이유가 있다. 매일 십자가를 지는 것이 어떤 의미인지 이해하고 있는지의 여부가, 제자가 되는 전체 과정을 이끄는 관건이 되기 때문이다.

대부분의 그리스도인들은 어렸을 때부터 마태복음 16장 24절과 또한 그와 관련된 구절들이 의미하는 바를 배워왔다. 그것은 스스로에 대해 "아니요"라고 말하며 그리스도를 따르는 것이다. 즉, 저것은 하지 말고 이것을 하라는 명령 말이다. 예를 들면 육체를 따라 행하지 말고 성령을 따라 행하라는 말씀을 들 수 있다. 그런데 이 명령의 앞부분과 뒷부분을 따르려다가 우리는 그 모든 중심에 있는 가장 중요한 요소를 놓쳐버렸다. 그것은 바로 '십자가'다. 그리스도의 십자가와 그리스도를 따르려면 져야 하는 십자가 말이다.

십자가에서 예수님은 우리 죄에 대한 죗값을 지불하셨다. 너무나 큰 빚을 진 우리에게 자유를 주시기 위해 빚이 한 푼도 없는 주님이 대신 빚을 갚으셨다. 죄가 없으셨지만 십자가에서 우리 죄를 담당하셨다. 불의한 우리를 하나님께 인도하기 위해 의로우신 주님이 대신 죽으셨던 것이다.

그것은 마치 차를 모는 것과 같다

여기에 적용되는 두 가지 중심 구절이 있다. 이미 익숙한 구절들이다. 그렇지만 나는 이 지혜를 전혀 새로운 방식으로 이해할 수 있도록 두 가지 예화를 들려주고 싶다. 성경에서 로마서 6장을 찾으라. 그리고 이 어려운 말씀을 이해하기 쉬운 예화로 바꾸는 동안 인내심을 가지고 읽어보라. 그 예화는 이 땅의 것이지만, 이 위대한 본문의 진리를 적용하고 가시화시켜주는 소중한 이야기다.

우리 몸을 차라고 생각하고, 우리가 삶이라는 차 안에서 운전하고 있다고 상상해보라. 문제는 딱 한 가지다. 그 차는 오로지 뒤로만 간다는 것이다. 차에는 전진 기어가 없다. 그 기어는 첫 번째 기술자인 아담이 변경해놓았다. 아담이 차에 올라탄 이후로 그것은 이전과는 완전히 다르게 변해버렸다. 성경은 우리가 그리스도께 나아오기 전 우리의 모든 삶은 거꾸로 된 삶이라고 말한다. 우리의 모든 의는 더러운 걸레와 같고, 예수님을 떠난 삶은 스쿠발라(skubala, 똥이라는 뜻의 헬라어, 빌 3:8) 더미와 같다.

타락은 차를 몰 때마다 가능한 한 빠른 속도를 내거나 많은 충돌이 있다는 것을 의미하지 않는다. 타락은 하나님을 기쁘시게 해드리는 영역으로 나아가는 전진 운행을 결코 할 수 없다는 의미다. 실제로, 그 차에는 앞으로 갈 수 있는 전진 기어가 없다.

거꾸로 가는 삶 속에서 우리는 사람을 치기도 하고 사물과 충돌하기도 한다. 사랑하는 사람이나 모르는 사람들이 우리로 인해 부상을 당하거나 상처를 입었다. 심지어 스스로를 다치게 하기도 한다. 피해는 다양하지만 진리는 언제나 동일했다. 모든 날이 하나님이 우리로 하여금 가기를 원하시는 방향에서 거꾸로 나가는 여행이라는 점이다.

그러던 어느 날 기적적인 일이 일어난다. 우리는 예수님을 차의 운전석에 모셔들인다. 그런 일이 일어난 이유에 대해서는 하나님의 은혜 말고는 설명할 길이 없다. 우리는 운전석에서 일어나고 예수님이 차를 제어할 수 있는 자리에 앉으신다. 예수님이 우리 차에 타실 때 중요한 사건들이 일어난다. 그분은 한 번도 해본 적이 없는 경험들을 하게 해주신다.

먼저 예수님은 운전석에 들어가 앉으신다. 그분은 팔을 뻗쳐 우리 어깨를 가볍게 두드리면서 말씀하신다. "네가 입힌 모든 손해를 알고 있느냐?"

"예." 우리는 기죽은 소리로 대답한다.

"내가 그 모든 것에 대한 값을 이미 지불했단다." 그분은 간단히 말씀하신다.

바울이 로마서 6장 1절에서 말한 것처럼, 모든 손해에 대한 값이 지불되었다면, 아마 우리는 실제로 다시 거꾸로 운전하고 싶은 유혹을 받을지도 모른다. 그러나 바울은 2절에서 분명하게 반박한다. "거꾸로 운전해 죽은 우리가 어떻게 여전히 그 방향으로 운전하려 할 수 있는가?"

예수님을 차(삶)로 초청했을 때 우리는 예수님이 거꾸로 가는 문제를 해결하기 위해 하신 모든 일들을 믿음으로 확인한다. 바울은 3-5절에서 분명히 말한다. 예수님의 죽음과, 장사지냄과, 부활로 인하여 우리는 완전히 새로운 길로 운전해 갈 수 있게 되었다는 것과, 우리도 언젠가 미래에 새 차를 얻게 될 것임을. 예수님은 자신의 죽음과 부활을 통해 믿는 이들에게 죄와 죽음에서의 자유뿐만 아니라, 영원토록 그 사람을 덧입힐 새로운 몸을 보장해주신다.

둘째, 예수님은 이전의 모든 손해를 배상하셨을 뿐만 아니라 일생 동안 고정시켜놓았던 후진 기어에서 차를 풀어주셨다. 우리가 할 수 없었던 것을 예수님이 하신 것이다. 로마서 6장 6절은 이렇게 말한다. "우리가 알거니와 우리의 옛 사람이 예수와 함께 십자가에 못 박힌 것은 죄의 몸이 죽어 다시는 우리가 죄에게 종 노릇 하지 아니하려 함이니." '죽어'라는 말은 '효력이 없게 만들다' 또는 '작용하지 못하게 하다'로 번역될 수 있다. 그것은 차의 클러치 기능인데, 클러치는 기어를 효력이 없게 만든다. 믿음으로 예수님이 십자가에서 하신 일을 우리 것으로 받아들이고, 그로 인해 그분이 우리 삶 속에 오셨을 때 얻는 유익 가운데 한 가지는 우리가 죄로부터 자유로울 수 있다는 것이다. 예수님은 우리가 예수님을 몰라 평생 동안 매여 있었던 '후진만 할 수 있는 차를 자유롭게' 하셨다. 그분은 우리를 위해 클러치를 밟으셨다.

셋째, 예수님을 차로 초청했을 때, 흐렸던 차의 앞 유리는 깨끗하게 되었다. 그 흐린 유리 때문에 하나님이 원하시는 삶을 이제까지 볼 수 없었다. 그러나 이제 비로소 삶 속에서 처음으로 하나님의 뜻이 무엇이며, 왜 그분의 방향이 더 나은지 이해할 수 있게 되었다. 주님 덕분에 우리는 그분의 리더십을 신뢰하고, 그분의 능력 가운데 안식하며 난생처음 앞으로 나아갈 능력을 얻게 되었다.

이 전체 과정에 깔려 있는 원리는 죽음 안에서 예수님과 우리를 동일시하는 원리다. 그것은 죄에 대한 죽음이며, 하나님께 헌신된 삶이다. 로마서 6장 7절은 죽은 자는 죄로부터 자유롭다고 말한다. 삶에서 후진을 죽음이라고 선언하는 것은 더 이상 뒤가 아닌 앞으로 운전하는 것이다. 하나님을 향한 복종과 헌신의 삶으로 전진하는 것이다.

로마서 6장 7-11절 말씀에 귀를 기울여보자. "이는 죽은 자가 죄에서 벗어나 의롭다 하심을 얻었음이라 만일 우리가 그리스도와 함께 죽었으면 또한 그와 함께 살 줄을 믿노니 이는 그리스도께서 죽은 자 가운데서 살아나셨으매 다시 죽지 아니하시고 사망이 다시 그를 주장하지 못할 줄을 앎이로라 그가 죽으심은 죄에 대하여 단번에 죽으심이요 그가 살아 계심은 하나님께 대하여 살아 계심이니 이와 같이 너희도 너희 자신을 죄에 대하여는 죽은 자요 그리스도 예수 안에서 하나님께 대하여는 살아 있는 자로 여길지어다."

맨 마지막 줄을 유의해서 보았는가? 그 구절은 이렇게 의역될 수 있다. "이와 같이 너희도 너희 자신을 후진에 대하여는 죽은 자요 전진에 대하여는 살아 있는 자로 여겨야 한다."

주님의 격려와 그분이 주신 새로운 능력을 통해, 우리는 더 이상 후진이 차의 방향을 지배하지 못하는 죽은 것으로 여겨야 한다.

계속되는 투쟁

십자가를 지는 것은 계속되는 투쟁이며, 그리스도 안에서 로마서 6장 3-11절 말씀의 진리와 자신을 동일시하는 성숙의 능력이다. 로마서 6장 12절은 이렇게 말한다. "그러므로 너희는 죄가 너희 죽을 몸을 지배하지 못하게 하여 몸의 사욕에 순종하지 말고." 지금까지의 자동차 비유로 말해본다면 이렇게 의역된다. "이제까지 네 차가 알려진 대로 후진이 그 기어가 되지 못하게 하라." 우리가 "나는 하나님이 오늘 무엇을 원하시는지 상관없이 내 옛날 방식으로 돌아가고 싶어"라고 말하고 싶은 유혹을 받을 때, 예전처럼 후진 기어를 넣고 싶은 충동을 느낄지도 모른다. 스트레스나 유혹, 습관적인 반응 그리고 일상적인 매일의 삶이 주는 압박감에서 벗어나고 싶은 순간에, 고의로 또는 자기도 모르는 사이에 우리는 후진 기어로 바꾸고 싶은 유혹을 받는다. 사실, 이전에 우리는 일상적으로 그렇게 해왔다. 그런 까닭에 그리스도인이 된 다음에도 삶의 육신적인 순간에, 바울이 말한 것처럼 다시 사람을 따라 하는 행동으로 돌아가기 쉽다(고전 3:3).

주님의 손을 떠나 운전대나 기어 변속 장치를 우리가 잡을 때, 우리는 그분의 얼굴에 묻어나는 아픔을 볼 수 있다. 주님은 슬퍼하시고 그분의 뜻은 소멸된다. 우리는 주님의 기대를 무시하고 그분이 기꺼이 일러주셨던 그 방향, 우리를 하나님의 뜻인 목적지로 인도할 그 방향을 거부하는 것이다. 자동차는 급히 후진하면서, 거의 자동적으로 우리는 주님에게서 멀어진다. 민감한 사람이라면 무슨 일이 일어났는지 곧바로 알아차릴 수 있다. 스스로 그런 일을 했다는 것이 믿기지 않을지라도 말이다. 옛 삶으로 돌아가는 길은 너무 빠르고, 쉽고, 너무 친근한 여행이다.

일단 그리스도가 삶 속에 들어오신 후 다시는 후진하는 일은 없을 것이라고 생각한다면, 요한일서를 읽어보라. 요한은 우리가 스스로를 속이고 있다고 말한다. 자동차에서 육체의 후진 기어를 쓰지 않을 것이라고 생각한다면 그것은 큰 실수다. 그리스도인의 삶에 녹아 있는 육신의 특징을 이해하지 못하고 있는 것이다.

요한일서는 우리가 후진을 했을 때 법정에서 이 사건을 맡아줄 변호사, 즉 예수 그리스도가 계시다는 사실을 알려주기 위해 기록된 책이다. 그러나 이렇게 말한다고 해서 나를 이상한 예화나 드는 이상한 설교자로 오해하지 않기를 바란다. 법정에 들어가면 하나님은 재판장 자리에 앉아 계시고 예수님은 우리를 대표하는 변호사 자리에 앉아 계신다! 내려진 판결은 무엇인가? 잘못이 무엇이든 간에, 우리를 대표하는 바로 그분의 죽음 때문에 용서가 이루어진다. 우리가 우리의 죄를 고백하면 신실하고 의로우신 주님은 우리를 용서하시고 모든 불의에서 우리를 깨끗하게 하신다. 용서가 이루어지고 무죄의 기록으로 회복되며, 다시 새로운 출발이 약속되는 것이다.

다시 로마서로 돌아가보자. 후진 대신 전방으로 운전하는 비결은 로마서 6장 13절에 있다. 그 본문을 의역하면, 바울은 비록 옛 성품과 과거의 습관 때문에 후진하고 싶은 욕구가 있더라도 우리 차를 후진하는 도구로 드리지 말라고 권면한다. 그런 삶은 하나님의 뜻과 계획에 상반된다. '우리 몸인 차'는 하나님을 향한 복종과 희생의 행위로, 후진에 대하여는 죽고 하나님이 의도하신 전방향에 대하여는 산 차로 드려져야 한다. 그것이 하나님이 옳다고 생각하시는 바를 경험하는 것이다.

예수 그리스도를 우리 삶 가운데 오시도록 초청했을 때 많은 변화가 일어났는데, 다음은 네 가지 중요한 변화다.

1. 우리 삶 가운데 처음으로 자동차에 클러치가 작동해 이제껏 뒤

로 운전하는 것만이 유일한 선택이었던 것에서 벗어나게 되었다. 지금까지의 모든 손해와 앞으로 일어날 모든 손상도 이미 지불되었다.

2. 우리 삶 가운데 처음으로 누군가 우리 차의 앞 유리를 깨끗하게 닦아주어서 전방향이라고 불리는 땅을 실제로 볼 수 있게 되었다.
3. 우리 삶 가운데 처음으로 새로운 방향을 보았고, 누군가가 우리에게 이렇게 말해주었다. "저기에 더 나은 삶이 있구나. 더 나은 길이 저기 있어!"
4. 우리 삶 가운데 처음으로 그런 삶의 길을 경험하는 데 필요한 기어 변속 능력을 부여받았다.

우리는 그래서 이렇게 말한다. 앞으로 나아가자. 주님을 향한 희생과 복종의 삶을 살자. 예수님이 "내 원대로 마시옵고 아버지의 원대로 되기를 원하나이다"라고 말씀하셨을 때, 그분은 그런 삶의 모습을 보여주셨다. 십자가에서 복종하셨을 때 주님은 자신에 대해 죽으셨다. 우리 자신에게 좋은 줄 알면, 우리도 그렇게 할 것이다. 우리도 "주님, 당신이 길을 인도해주십시오"라고 말할 것이다.

언젠가 "하나님이 공동 파일럿이라면 당신은 지금 의자에 잘못 앉아 있습니다"라고 써 있는 자동차 스티커를 본 적이 있다. 우리는 지금 자기 의자가 아닌 다른 의자에 잘못 앉아 있는 것은 아닌가? 자리를 옮겨 예수님이 운전하셔야 할 때가 아닌가? 그렇게 살기 위해 우리가 해야 할 일은 무엇인가? 우리는 자신에 대해 죽어야 하며, 하나님이 우리를 통해 그리고 우리 안에 사실 수 있도록 해드려야 한다.

이런 방법으로 우리는 주님의 죽음과 연합하며 그분의 부활에도 연합한다. 하나님은 우리가 언젠가 완전히 새로운 차를 가지게 될 것이라고 보장하셨다. 지금 차가 아무리 심하게 녹슬었더라도, 아무리 깊이 패이고 움푹 들어간 흉터가 있더라도 최고급 차종인 하늘의 벤츠나 신형 포르쉐를 가질 것이다. 얼마나 멋진 일인가! 그리고 그 대금은 완전히 지불되었다.

희생의 삶

복종과 희생의 삶이라는 특징을 설명하기 위한 예로 이미지 하나를 더 들어보겠다. 갈라디아서 2장 20절을 보라. "내가 그리스도와 함께 십자가에 못 박혔나니 그런즉 이제는 내가 사는 것이 아니요 오직 내 안에 그리스도께서 사시는 것이라 이제 내가 육체 가운데 사는 것은 나를 사랑하사 나를 위하여 자기 자신을 버리신 하나님의 아들을 믿는 믿음 안에서 사는 것이라."

이 구절에 담겨 있는 세 가지 역설을 생각해보라.

우리는 죽었지만 그러나 살아 있다!

우리는 더 이상 살지 않지만 그리스도가 우리 안에 사신다!

우리는 육체 안에 살지만 믿음으로 산다!

본문은 이렇게 말한다. "우리는 그리스도와 함께 십자가에 못 박혔다. 그리고 이제 우리는 믿음으로 그 안에 산다. 무엇 때문에 그분은 우리를 위해 십자가를 지셨는가? 주님은 우리를 사랑하셨다. 우리를 사랑하셨기 때문에 우리를 위해 자기 목숨을 내어주셨다. 따라서 우리가 그분과 함께 십자가에 못 박힌 사실을 이해한다면, 그분에게 사랑으로 반응하며 그분을 위해 우리를 드려야 한다."

이 부분에서 네 번째 특징인 '희생'이라는 개념이 나온다. 차가 예전처럼 가고 싶은 방향대로 가는 것, 즉 세상이 원하는 것에 대해 죽을 때 우리는 예수 그리스도 안에서 믿음으로 살 수 있으며, 주님이 우리에게 원하시는 대로 살 수 있다. 즉, 십자가를 지고 따르는 것이다.

몇 년 전 〈제자도(Discipleship Journal)〉라는 잡지에서 마이클 W. 스미스(Michael W. Smith)는 십자가를 지는 것에 대해, 그리고 그것을 놓지 않는 것에 대해 이렇게 말했다.

"하루를 시작하면서 우리는 어떤 대가를 지불하더라도 주님의 뜻을 행하고 싶다고 기도한다. 그러나 종종 해질 녘이 되면 아침에 그렇게 진지하게 받아들였던 십자가를 하루 삶 속의 어딘가에서 떨어뜨린 것을 알게 된다. 예수님은 끝까지 인내하셨는데, 왜 우리는 십자가에 계속 매달리는 것이 이렇게 어려운가? 그리스도의 십자가에는 우리의 십자가에 없는 어떤 것이 있는가?"

그는 그 대답에 대해 "못!"이라고 말한다.

"예수님의 십자가에 박힌 못은 제자도로 우리를 부르시는 그리스도의 부르심에 대한 우리의 순종과 같다. 매일 우리 삶에 주어지는 못에 주목해 보았는가? 못은 선택해야 하는 바로 그 순간적인 상황들이다. 만지지 말라고 말한 것을 아이가 깨뜨렸을 때 분노하지 않는 것을 선택하는 것이 못이다. 너무 바빠서 도울 수 없을 때 다른 사람을 도와주는 것이 못이다. 시간과 돈과 지위의 대가를 치르더라도 정직하게 말하는 것, 옳다고 확신하더라도 자신만의 방법을 고집하지 않는 것이 바로 못이다. 때때로 못은 너무 작아 보인다. 그러나 그것들은 너무 중요하다."

갈라디아서 말씀과 함께 십자가에 대한 또 다른 예화가 몇 달 전 한밤중에 마음속에 떠올랐다. 상상 속에서 나는 십자가 형상을 보았다. 그런데 그것은 예수님이 못 박히신 십자가와는 다른 십자가였다. 나무가 아닌 금속으로 만들어진 것이었는데, 속이 금속으로 꽉 찬 것이 아니라 그물처럼 얽힌 망이었다. 그 금속망으로 된 십자가는 우리가 드나드는 출입구에 달려 있었다.

매일 우리는 그 십자가와 셈을 해야 한다. 평생 동안 매일 침대에서 일어나 그 망을 통해 세상으로 나간다. 해야 할 일에 앞서 먼저 그 십자가 망을 지나가야 한다. 쉬운 일이 아니지만, 주님의 신실한 제자가 되고 싶다면 반드시 해야 하는 일이다.

그물망의 얼기설기한 틈새는 셀 수 있는 것이고 크기는 변한다고 상상해보자. 주님 안에 거한 지 얼마 되지 않았을 때 그 망은 큰 틈새를 가지고 있었다. 그러나 주님 안에서 더 성숙해갈수록 망의 틈새는 좁아진다.

초신자일 때 하나님은 우리에게서 큰 돌들, 즉 모든 사람이 분명히 인정하는 유해한 행동들을 걸러내신다. 앞서 말한 고속도로에서의 바람직하지 않은 행동을 포기해야 한다. 거액의 수수료를 받고 우리를 속인 동료를 저주하거나 호되게 질책해서도 안 된다. 슈퍼마켓에서 우유를 사러 가는 짧은 순간에, 과일 코너에서 슬쩍 포도 몇 알을 집어먹어서도 안 된다.

성숙해지면 질수록 십자가의 망은 점점 좁아진다. 은밀하고 부적절한 행동들은 우리 속에 있는 건강하지 못한 행동들과 함께 그 망을 통해 걸러진다. 그렇게 하나님은 예수님을 따라 사는 삶 속에 있어서는 안 될 분노와 염려와 죄책감과 후회 같은 태도를 걸러내신다. 그 십자가를 통해 매일 걸어나갈 때 그것은 가능하다. 죄에 대해 죽는다는 것은 바로 그것이다. 자신에 대해 아니요라고 말하는 것이며, 매일같이 십자가로 우리 죄를 씻는 것이다. 그것은 죄의 형벌에 대한 대가를 지불하는 것이 아니라, 삶 가운데서 죄의 능력과 존재를 걸러내는 것이다. 이것이 바로 육체의 일에 대해 자신을 죽은 것으로 여기는 한 방법이다.

물론 하나님은 매일 우리의 삶 속에 있는 모든 문제 하나하나를 한꺼번에 전부 다루시지는 않는다. 그분은 은혜로 그렇게 하지 않으신다. 하나님은 사랑과 자비가 넘치도록 풍성하신 분이다. 지금 그분은 우리의 염려를 다루고 계실지 모른다. 잠자리에서 염려하며 일어나지만, 하나님은 우리가 떠올렸던 그 죄에 대해 스스로를 죽은 것으로 여기며 의식적으로 십자가를 통과해 지나가게 하신다. 그럼으로써 우리는 마음의 짐을 내려놓고 햇살 속에 발을 내디딘다.

그러나 내일, 잠에서 깨어나 다시 그 일로 염려하고 있을 때 하나님은 이렇게 말씀하실 것이다. "잠깐! 어제 우리는 그 문제를 다루지 않았니?"

"그렇습니다, 주님. 주님이 어제 해결해주셨지요."

"그런데 너는 지금 또 뒤로 미끄러지고 있단 말이니? 너는 또 그것에 대해 염려하고 있구나."

"죄송합니다. 주님, 그런 것 같습니다."

그 다음, 우리는 쨍그렁거리는 금속 소리를 듣는다. 금속이 금속에 부딪히는 소리다. 망치가 못을 내려치고 금속망은 쨍그렁거리는 소리를 낸다. 또다시 십자가다. 출입구에 달려 있는 십자가다. 우리는 다시 그 십자가에서 문제를 다루어야 한다.

알고 있는가? 때때로 하나님은 얼마 동안 그 망의 틈새를 같은 크기로 남겨두신다. 때때로 같은 죄를 반복해서 처리해야 하는데, 그것이 십자가에서 걸러지지 않았기 때문이다. 나는 때때로 십자가를 피하여 그 망 밑에서 갈팡질팡하기를 참 잘한다. 누군가 내게 묻는다면 나는 경건하게 대답할 것이다. "그래요, 나는 스스로에 대해 아니요라고 말해야 합니다."

또 묻는다면 "주님을 섬기는 것이 나의 소망입니다"라고 말할 것이다.

그러면 아마 이렇게 되물어올 것이다. "좋아요, 베일리 씨. 그런데 당신은 거기 집 안에 앉아서 뭘 하고 있는 겁니까? 왜 바깥으로 나오지 않지요?"

"십자가가 문간에 달려 있거든요."

"그게 무슨 문제지요? 그건 망으로 만들어져 있어요. 당신은 그것을 통과해 지나갈 수 있습니다."

"그렇게 하고 싶지 않아요. 나는 화도 잘 냅니다. 화를 내면 내 뜻대로 할 수가 있어요. 속이는 것도 잘합니다. 속이면 더 많은 돈을 벌 수 있어요. 세금을 슬쩍하기도 합니다. 나 자신을 위해 돈 쓰는 것을 좋아해요. 비디오 보는 것도 좋아해요. 내 깊은 곳에 있는 흥미를 자극하거든요."

한때 내가 섬겼던 교회의 한 집사님은 너무 좋아하기 때문에 유선방송을 신청하지 않았다고 말했다.

그때 나는 이렇게 말해주었다. "집사님은 제가 아는 가장 정직한 사람입니다."

나는 당신이 그리스도를 향한 사랑 때문에, 기꺼이 당신 자신을 희생하고 포기하면서 그 망을 통과해나갈 수 있을지 궁금하다. 단지 오늘만이 아니라 내일도 그렇게 할 수 있는가? 다음 주와 다음 달, 그리고 남은 생애 내내 그렇게 할 수 있는가?

하나님이 완전한 뜻을 우리에게 펼치신다면 그분이 제일 먼저 다루실 것은 무엇인가? 주저 말고 믿음으로 그리고 사랑의 동기에서 이렇게 말하기 바란다. "주님, 제 삶에서 그 죄를 걸러내주십시오."

기어 변속 장치에서 손을 떼고 운전석을 주님께 넘겨드리며 이렇게 말하라. "주님이 운전하십시오. 저는 당신이 저를 어디로 데리고 가실지 알지 못합니다. 그러나 당신과 함께 가기를 원합니다. 그리고 이 죄, 이 욕구, 이 문제, 이 습관, 이 생각 등 그것이 무엇이든지 간에 이것은 제 삶의 지배권을 당신께 넘기는 데 방해가 되는 것들입니다. 여기 있습니다. 주님, 이것을 제 삶에서 제거해주십시오."

그렇게 오래되고 오염된 죄의 즐거움에서 자신을 부인하고 십자가를 지라. 그리고 주님의 제자가 되라.

토론 문제

1. 고대 로마 세계에서 십자가형은 어떤 의미였는지 공부하라. 이것은 십자가를 지는 문제에 대해 어떤 생각을 갖게 하는가?

2. 로마서 6장을 공부해보라. 첫 열네 구절의 개요를 만들라. 이 구절들에 대한 좋은 주석을 찾아보라.

3. 어떤 사람이 죽음과 자유를 동시에 경험할 수 있는지 토의하라.

4. 앞서 말한 자동차 예화 대신, 자신의 경험 속에서 찾을 수 있는 다른 비유를 사용해 로마서 6장 1-14절을 의역해보라.

5. 하나님이 '십자가 망'의 크기를 변화시키신 것으로 인해 어떻게 하나님께 더 깊이 헌신하게 되었는지 토의하라.

6장
지도자를 따르라

성경은 제자도로 부르시는 그리스도의 부르심에 응답함으로써, 성숙하고 경건한 그리스도인을 따름으로써, 경건한 미덕을 따름으로써 예수님의 강력한 리더십에 응답할 수 있다고 말한다.

제자도의 핵심 5

그리스도의 강력한 리더십에 대한 충성

할아버지는 콜로라도의 산 루이스 계곡에 있는 85만 제곱미터 규모의 목장에서 양을 키우셨다. 우리는 산을 가로질러 목장에서 5시간 정도 떨어진 곳에 살았는데, 가끔 차를 타고 세 개의 산을 오르내리면서 산 루이스 계곡으로 가곤 했다.

목장이 가까워지면 소형 캐터필러 텐 경운기에 앉아 목초지에서 일하시는 할아버지가 보이기 시작했다. 할아버지는 작은 경운기로 그 넓은 땅을 경작하셨다. 한 번도 거대한 존 디어 경운기나 다른 좋은 기계를 갖지 않으셨다.

경운기에 앉아 계신 할아버지의 모습을 발견하면 부모님은 길가에 차를 세우셨다. 나는 손을 흔들고 할아버지를 부르며 달려갔다. 할아버지는 경운기를 멈추셨고 나는 할아버지의 무릎에 올라탔다. 그러면 나는 곧잘 '내가 이 경운기를 운전하고 있다'고 생각했다. 할아버지는 내가 알지 못하게 무릎으로 경운기를 작동하고 계셨지만, 나는 마치 내가 밭을 갈고 있는 것 같았다. 우리가 밭을 갈 때 할아버지는 턱을 드시고 모자 밑으로 눈을 가늘게 뜨신 채 앞을 똑바로 쳐다보고 계셨다. 종종 그런 할아버지를 보고, 나는 "할아버지, 무얼 보고 계세요?"라고 물었다.

"저기 끝에 있는 울타리 기둥 보이지?" 나는 얼른 대답했다. "네, 보여요."

"아니 그것 말고, 그 뒤에 있는 것 말이다. 밭 하나를 넘어서 있는 것 말이다."

그제서야 나는 말했다. "아, 저것 말이에요?"

"나는 저 울타리 기둥에 눈을 고정시키고 그것을 향해 똑바로 운전한단다. 그러면 밭 끝에 가서 뒤를 돌아보면 줄이 똑바로 나 있지."

할아버지가 목초지를 경작하시는 방법은 제자들이 예수님을 따르도록 가르침받은 방법과 같다. 우리는 그분께 초점을 맞추고 그분과 함께 영원한 삶을 사는 목표에 눈을 고정시킨 채 그것을 향해 전진해야 한다. 그러나 많은 그리스도인들은 자기들이 있었던 곳을 돌아보면서 예수님을 따르려고 한다. 이에 대해 성경은 단호하다. "손에 쟁기를 잡고 뒤를 돌아보는 자는 하나님의 나라에 합당하지 아니하니라"(눅 9:62).

이 엄한 말씀에 놀랐다면 아마 예수님이 자기를 따라올 수 없다고 말씀하신 세 종류의 사람들에 대해 들을 때 더욱 놀랄 것이다.

이런 유형의 사람은 제자가 되고 싶어하지만, 제자도의 다섯 번째 특징을 충족시킬 수 없다. 그것은 마태복음 16장 24절, 마가복음 8장 34절 그리고 누가복음 9장 23절에 조금씩 다른 표현으로, 예수님이 거듭 부탁하신 말씀 가운데 마지막 부분이다. "누구든지 나를 따라오려거든 자기를 부인하고 자기 십자가를 지고 나를 따를 것이니라."

예수님은 나를 따르라고 말씀하셨고, 헌신된 제자는 그리스도의 강력한 리더십에 열정적인 충성으로 반응하는 사람이다. 하나님이 제자로 쓰실 수 없는 사람은 올바른 반응을 보이고 싶은 마음은 있지만, 무언가 그들을 가로막아 그렇게 하지 못한다. 누가는 그 이야기를 9장 57-62절에서 하고 있다. 내가 위대한 여행담이라고 생각하며 좋아하는 부분(눅 9-19장)의 처음에 있다. 이 대목을 위대한 여행담이라고 부르는 이유는, 그것이 예루살렘으로 가시는 예수님의 마지막 여행길에서 벌어진 그분의 순회 사역에 대해 말하고 있기 때문이다.

성급 씨(Mr. Too Hasty)

첫 번째 제자 후보는 예수님이 갈릴리와 예루살렘 사이를 걷고 계실 때 예수님께 나아왔다. "어디로 가시든지 나는 따르리이다"(눅 9:57)라고 그는 떠벌였다.

당신이 이 사람을 보았다면 어떻게 생각했을까? "이 사람이야말로 예수님이 필요로 하시는 사람이구나. 주님은 이 사람을 사용하실 거야. 자원하는 사람은 우리 주변에 너무 드물거든!" 이 사람은 저만치 서서 말한다. "주님, 당신을 따르겠습니다." 그의 주제가는 "주가 나를 이끄시면 나는 따르리"다. 아이들은 이 찬양에 빗대어 "주가 나를 먹이시면 나는 삼키리"라고 하면서 농담을 던지기도 한다.

그러나 예수님은 그에게 "여우도 굴이 있고 공중의 새도 집이 있으되 인자는 머리 둘 곳이 없도다"(9:58)라고 하신다. 그랬더니 이 친구는 "그래요? 그럼 저는 빠지겠습니다"라고 말한다. 그후로 그의 소식은 들을 수가 없다.

신학교 은사 가운데 한 분인 스탠 엘리센(Stan Ellisen) 교수님은 이 사람들에게 이름을 지어주셨다. 이 첫 번째 사람은 성급 씨(Mr. Too Hasty)인데, 그 이유는 그가 그리스도를 따르겠다고 너무 급하게 말했기 때문이다. 비용을 계산해보지 않은 그는 이생의 안락에 너무 의지하고 있었다. 예수님의 먼지 묻은 발자취를 따르기보다는 편의 시설부터 따지는 데 더 관심이 있었다. 예를 들면 그런 거다. 온수와 냉수는 제대로 나오는지, 이층집인지, 선착장에는 수상 스키가 있는지 등등. 그러고는 "주님, 제가 하얏트 호텔에서 주님 옆방을 사용한다면 당신을 따르겠습니다"라고 이야기한다. 그런 그가 바위를 베개 삼아 살아야 한다는 사실을 알게 되었던 것이다.

성급 씨는 오늘날 선교 지원을 하면서 선교지가 하와이나 카리브해이기를 바라는 사람과 같다. 그들은 우간다나 방글라데시에서 그들을 가장 필요로 한다는 사실을 알기 전까지는 기운이 넘쳐난다.

"주님, 어디든지 당신을 따르겠습니다."

그때 주님은 말씀하신다. "나는 집이 없다."

"예수님, 그럼 다음에 뵙지요."

주저 씨(Mr. Too Hesitant)

주님은 두 번째 사람을 초청하셨다. "나를 따르라." 주님은 그에게 권하셨다.

그 사람은 예수님을 따르고 싶어했지만 이렇게 대답했다. "나로 먼저 가서 내 아버지를 장사하게 허락하옵소서."

그의 말은 그럴듯하게 들린다. 안 그런가?

그러나 예수님은 그렇지 않으셨다. 주님은 이렇게 응답하신다. "죽은 자들로 자기의 죽은 자들을 장사하게 하고 너는 가서 하나님의 나라를 전파하라"(60절).

이 두 번째 사람은 주저 씨(Mr. Too Hesitant)라고 불릴 만하다. 그는 "주님을 따르겠습니다만, 그러나 먼저…"라고 말한다. 그는 이 세상의 염려와 이생의 책임에 지나치게 단단히 얽매여 있다. 우리는 이렇게 묻고 싶어진다. "잠깐만요, 예수님. 주님은 이 불쌍한 사람이 자기 아버지 장례식에도 가서는 안 된다는 말씀입니까?"

당시의 문화적인 배경을 이해한다면, 왜 예수님이 그의 요청을 거절하셨는지 이해하는 데 도움이 될 것이다. 유대인의 전통은 죽은 사람을 사망한 바로 그 당일에 장사 지내는 것이었다. 만일 그 사람의 아버지가 죽었다면, 그는 그날 아버지의 장례식에 있었을 것이다. 그러면 주저 씨가 말하는 바는 무엇인가? "주님, 저는 당신을 섬기고 싶습니다. 그렇지만 당신도 아시다시피 아직 아버지가 살아계셔서…."

그의 말은 두 가지 의미를 내포하고 있다. 첫째, "사역에 함께하기에 저는 가족을 너무 아끼고 사랑합니다." 아니면 둘째, "아버지가 제 평생을 보장해줄 유산을 아직 제게 주시지 않았어요." 그 이유가 무엇인지는 정확히 알 수 없다. 그러나 예수님은 "죽은 자들로 자기의 죽은 자들을 장사하게" 하라고 말씀하신다.

예수님은 지금 무덤에서 손이 나와 누군가를 무덤으로 끌어내리는 이상한 할로윈데이 이야기를 하시는 것이 아니다. 죽은 자들로 죽은 자를 장사하게 하라는 주님의 말씀은 그런 의미가 아니다. 영적으로 죽은 자들이 육체적으로 죽은 자들을 장사할 수 있다는 의미의 말씀이다.

내 아들 중 하나가 선교지에 나가 있는 동안 내가 죽었을 경우, 사역을 중단하고 집에 돌아와 장례를 지내지 말라고 나는 가족들에게 말했다. 그들이 사역지에서 서둘러 돌아와 나를 푸른색 관에 넣을지, 갈색 관에 넣을지, 관에다 은색 장식을 할지, 금색 무늬를 넣을지 결정해주기를 나는 원하지 않는다. 내게 필요한 것은 아주 최소한의 장례 비용인 14달러 95센트뿐이다.

나는 또한 가족들에게 사후강직이 일어날 때까지 기다렸다가 단단해진 내 발을 뾰족하게 세운 후에 내 몸을 마구 두들겨 땅 속에 집어넣으라고 말했다. 그리고 이렇게 말했다. "팔이 땅 위로 튀어나오게 해서 묘석이 아닌 내 손에다 직접 묘비명을 써다오. 그러면 두석(headstone)이 아니라 수석(handstone)이 되겠지!" 나는 그렇게 육체의 몸과 결별할 것이고, 하나님은 "염려하지 말아라. 곧 새것을 네게 주마"라고 말씀하실 것이다.

가족들은 내 말의 어떤 부분이 농담인지를 다 안다. 적어도 사후강직과 수석에 대한 말은 그렇다. 내 말의 핵심은 우리 아이들이 어떤 장의사도 다 할 수 있는 그런 하찮은 일들을 하기 위해 사역지를 떠나는 것을 원하지 않는다는 것이다. 죽은 자로 죽은 자를 장사지내게 하라. 내 아들들인 너희는 가서 하나님 나라를 전파하라.

이 문제는 너무 중요한 문제니까 잠깐 더 생각해보자. 당신에게 믿지 않는 아버지가 계시다고 가정해보자. 그 아버지가 돌아가신 직후에 당신에게 말씀하실 수 있다면, 무슨 말을 하실 것이라고 생각하는가? "하나님을 위해 바쁘게 살아라. 하나님에 대해 그리스도인들이 말한 것들은 모두 사실이야. 너는 그것을 믿어야 해!" 그분은 숨을 거두신 순간, 하나님이 실제로 존재하시며 영원이 실제라는 것도 알게 될 것이다. 또한 이제까지 생각해왔던 것과는 반대로 죽은 다음 그냥 사라져버리는 것이 아니라는 사실도 알게 될 것이다. 그렇지만 너무 늦게 알았다. 그래서 분명히 그 순간 자녀들에게 이렇게 말씀하실 것이다. "하나님을 섬겨라. 그것이 네가 할 수 있는 가장 중요한 일이란다. 죽은 자로 죽은 자를 장사 지내게 하고 너는 가서 하나님 나라를 전파해라."

예수님은 사역 때문에 가족을 소홀히 해도 된다고 말씀하신 것이 아니다. 성경은 그 두 가지를 함께 묶어놓았다. "나와 내 집은 여호와를 섬기겠노라"(수 24:15). 이것은 가정과 사역의 양면이 함께 다루어진 부분이다. 가정과 사역은 함께 있다.

많은 사람들이 가족과 함께 시간을 보내야 한다고 말한다. 그렇게 말해놓고서는 어떻게 하는지 아는가? 가족들과 함께 앉아 한 마디 말도 없이 텔레비전을 본다. 주님의 백성과 주님의 집에 있는 시간에 말이다. 나는 단언할 수 있다. 그것은 분명히 '가족들의 시간'이 아니라고! 가장 좋은 가족들의 시간은 "여보, 얘들아! 준비되었으면 이제 그만 나가요"라고 말하면서 하나님이 열어주시는 대로 때를 가리지 않고 하나님을 섬기러 나가는 것이다. 하나님을 섬기는 것은 단지 직업적으로 사역에 뛰어들어야 한다는 것을 의미하지 않는다. 하나님을 위해 행하는 일은 어떤 일이건 주님의 일이다. 주님을 섬기는 삶보다 더 나은 삶은 없다. 그것은 세상을 다 준다 해도 바꿀 수 없다. 그것이 바로 주님이 이렇게 말씀하신 의미다. "죽은 자들로 자기의 죽은 자들을 장사하게 하고 너는 가서 하나님의 나라를 전파하라."

향수 씨(Mr. Too Homesick)

이제 하나님이 쓰실 수 없는 세 번째 사람을 살펴보자. 이 사람은 재미있는 사람이다. 우리는 그 사람을 향수 씨(Mr. Too Homesick)라고 부르자. 예수님을 따를 시간이 오면 그는 예수님께 묻는다. "먼저 작별부터 하고 오는 것이 어떨까요?"

예수님의 대답을 요약하면 "그만두라"는 것이다.

아니, 그만두라니. 한 사람이 어렵게 제자가 되기를 자원했는데, 작별 인사 좀 하러 간다고 예수님이 퇴짜를 놓으시다니.

성경을 한번 보자. 그 사람은 예수님께 이렇게 말했다. "주여 내가 주를 따르겠나이다마는 나로 먼저 내 가족을 작별하게 허락하소서"(눅 9:61). 예수님은 이렇게 응답하셨다. "손에 쟁기를 잡고 뒤를 돌아보는 자는 하나님의 나라에 합당하지 아니하니라"(62절).

당신은 주님이 왜 이렇게 말씀하셨는지 아마 상상할 수 없을 것이다. 이런 말을 하고 싶을지도 모른다. "아니, 예수님 좀 진정하세요. 주님은 제자도 문제 때문에 너무 과민하신 거 아니에요?"

여기서 성경적인 배경을 추적해보면 도움이 될 것이다. '쟁기를 잡고'라는 말은 구약 성경 구절을 암시적으로 인용하고 있다. 열왕기상 19장에서 엘리야는 열두 겨리 소로 밭을 갈고 있었던 엘리사에게 리더십의 겉옷을 넘겨준다. 엘리야는 엘리사에게 리더십의 권위가 이양되는 것을 나타내기 위해 겉옷을 벗어 엘리사의 어깨에 덮어주었다. 그러자 엘리사는 "집에 가서 작별을 하게 해달라"고 말한다.

그러자 엘리야는 이 문제를 다시 생각해본다. 엘리사가 엘리야의 일을 계승하기 전에 가족들에게 작별의 입맞춤을 하고 싶다고 하자, 엘리야는 "그만두자. 너는 아직 준비가 되지 않았구나"라는 의미의 대답을 한다.

엘리야가 그렇게 말하자, 엘리사는 그제서야 말의 요지를 알아차린다. 뒤돌아서는 일이란 있을 수 없다.

그래서 엘리사는 쟁기를 불사르고 황소를 제물로 바친 뒤 엘리야를 뒤따른다. 그 다음에 어떤 일이 엘리사에게 일어났는지 기억나는가?

그는 기도했고, 주님은 그가 원하는 것이 무엇인가를 물으셨다. 엘리사는 하나님의 영을 갑절로 달라고 간구했다.

하나님은 "네가 나를 볼 수 있으면 너는 네가 구한 것을 가질 것"이라고 말씀하셨다. 엘리사는 하나님을 보았다. 그는 겉옷을 쥐고 이렇게 말한다. "엘리야가 이렇게 했다. 나는 그가 이렇게 하는 것을 보았다." 그 다음 그는 겉옷을 취하여 요단 강에 던졌고 요단 강은 갈라졌다. 그러자 엘리사는 엘리야에게 있던 영, 곧 하나님의 영을 소유하게 되었음을 알게 되었다. 이제 이해할 수 있겠는가? 쟁기를 잡고 '되돌아가고 싶다'고 말하는 사람은 그 누구도 하나님 나라에 합당하지 않다.

주님은 엘리야가 엘리사에게 했던 일을 우리에게 얼마든지 행하실 것이다. 그분은 우리에게 하나님 나라 일보다 더 나은 일이 없다는 것을 알게 해주실 것이다. 성경은 우리에게 "일등석 여행의 안전을… 아버지의 장사를… 작별의 입맞춤을 구하라"고 말하지 않는다. 성급 씨는 이생의 안락에 너무 많은 관심을 두었다. 주저 씨는 이생의 일들에 너무 많은 관심을 두었고, 향수 씨는 이생의 동료와 동반자들에게 너무 깊숙이 관련되어 있었다. 그들은 예수 그리스도를 위해 효과적으로 사용되기에 부적당한 사람들이었던 것이다.

누가 예수님을 따를 수 있는가?

즉각적으로 반응하는 사람

예수님은 자신의 강력한 리더십에 충성스럽게 반응하며 따르는 제자들을 필요로 하신다. 성경은 이것을 세 가지 방법으로 가르친다. 성경은 우리가 예수님을 따라야 한다고 말한다. 그 이상도 그 이하도 아니다. 성경은 우리가 경건한 그리스도인들을 따라야 한다고 말한다. 마지막으로 성경은 기독교적인 원리를 따라야 한다고 말한다.

먼저 이 세 가지 가르침 가운데 첫 번째부터 살펴보자. 예수님은 자신을 따를 사람들을 어떻게 부르셨는지 살펴보자. 예수님이 어떻게 그 부르심을 우리에게까지 확장시켰는지 보여주는 성경의 여러 구절들이 있다.

첫 번째 구절은, 예수님이 제자들을 처음 부르시는 마태복음 4장 18-20절 말씀이다.

"갈릴리 해변에 다니시다가 두 형제 곧 베드로라 하는 시몬과 그의 형제 안드레가 바다에 그물 던지는 것을 보시니 그들은 어부라 말씀하시되 나를 따라오라 내가 너희를 사람을 낚는 어부가 되게 하리라 하시니 그들이 곧 그물을 버려 두고 예수를 따르니라."

예수님이 그들에게 익숙한 말로 접근하셨다는 사실에 주목하라. 그리고 그들은 그물을 버려두고 즉시 주님을 따랐던 것도 주목하라.

그 다음 주님은 야고보와 요한을 부르셨다.

> "거기서 더 가시다가 다른 두 형제 곧 세베대의 아들 야고보와 그의 형제 요한이 그의 아버지 세베대와 함께 배에서 그물 깁는 것을 보시고 부르시니 그들이 곧 배와 아버지를 버려 두고 예수를 따르니라"(마 4:21-22).

이 말씀에서 예수 그리스도를 따를 때 배워야 할 첫 번째 사실은 예수님은 우리가 부르심에 즉각적으로 반응하기를 기대하신다는 것이다. 야고보와 요한은 "아버지, 저희는 배를 정리하도록 아버지를 도와드린 후에 예수님을 따르겠습니다"라고 말하지 않았다. 그렇게 했다면 그것은 매우 예의 바른 행동이었을 것이다. "아버지, 저희는 사역의 소명을 받았습니다. 그렇지만 아버지 혼자 여기에 계시도록 내버려둘 수는 없습니다. 그물을 치우고 배를 청소하겠습니다. 그 다음에 가방을 챙겨서 떠나겠습니다."

그러나 그들은 그렇게 하지 않았다. 예수님께서는 그들을 끌어당기는 강력한 무엇인가가 있었다. 예수님이 "나를 따르라"고 말씀하셨을 때 그들은 곧바로 아버지에게 작별을 고했다. "아버지, 안녕히 계십시오. 배와 그물 치우는 일은 다른 사람이 도와줄 것입니다. 저희들은 지금 가야 합니다."

전혀 모르는 누군가가 우리를 부를 때 우리는 아마 그렇게 반응하지 않을 것이다. 그렇지만 예수 그리스도의 강력한 부르심에는 그분만의 고유한 권위가 있었다. "나를 따르라"는 그분 말씀에 유일하게 옳은 대답은 즉각적으로 "예, 주님"이라고 대답하는 것밖에 없다.

예수님이 마태를 부르셨을 때도 같은 일이 일어났다.

> "예수께서 그 곳을 떠나 지나가시다가 마태라 하는 사람이 세관에 앉아 있는 것을 보시고 이르시되 나를 따르라 하시니 일어나 따르니라"(마 9:9).

마태가 곧바로 일어나 예수님을 따랐다는 사실에 주목하라. 얼마나 놀라운 일인가? 분명히, 그는 서랍의 돈을 그대로 둔 채 자기의 세관을 버려두고 예수님과 함께 길을 떠났다. 요점은 그가 즉시 예수님을 따랐다는 사실이다.

다른 모든 것을 버려두는 사람

예수님의 부르심을 듣는다는 것이 어떤 의미인지를 배우기 위해 두 번째 진리를 살펴보자. 누가복음 5장에서 제자들은 다시 고기잡이를 하고 있었지만 아무것도 잡지 못했다는 기사를 읽을 수 있다. 예수님은 그들에게 배의 반대편에 그물을 던지라고 말씀하신다. 베드로는 "주님, 이 방면에 프로가 누굽니까?"라고 말하고 싶었던 것처럼 보인다. 그렇지만 어쨌든 그들은 주님의 말씀을 들었다. 그리고 얼마나 놀라운 교훈을 받았던가! 너무 많은 고기를 잡아 배가 거의 가라앉을 지경이었다!

어부들이 바다에서 돌아왔을 때, 예수님은 누가복음 5장 10절에서 보듯이 그들에게 "무서워하지 말라 이제 후로는 네가 사람을 취하리라"고 말씀하신다. 문자적으로 이 구절은 "너희들은 산 채로 사람을 잡을 것이니라"고 번역될 수 있다. 그것은 고기잡이와 정확하게 반대되는 말이 아닌가? 어부는 산 고기를 죽이기 위해 잡는다. 그러나 사람을 잡는 경우, 죽은 사람을 잡아 어떻게 하면 사는가를 보여준다. 누가의 기록에 의하면 어부들은 예수님의 말씀에 반응하여 모든 것을 버려두고 그를 좇았다. 예수님은 "나를 따르라"고 말씀하실 때, 우리에게 모든 것을 버려두고 전적으로 헌신할 것을 요구하신다.

빛 가운데 행하는 사람

예수님의 부르심에 대해 우리가 배울 세 번째 특징은 요한복음 8장 12절에 나온다. 예수님은 장막절 중간에 놀라운 주장을 하셨다. 이렇게 말씀하신 것이다.

"나는 세상의 빛이니 나를 따르는 자는 어둠에 다니지 아니하고 생명의 빛을 얻으리라."

장막절 동안 유대인들은 성전 마당에 21미터나 되는 거대한 가지

촛대에 불을 밝힌다. 그렇기 때문에 예수님이 축제 중간에 나오셔서 세상의 빛이라고 말씀하신 것은 참으로 의미심장한 주장이었다. 그리고 그분은 자기를 따르는 사람들에게 빛 가운데서 행하라는 말씀을 덧붙이셨다.

그러므로 그리스도를 따르는 것은 즉각적으로 반응할 것과 모든 개인적인 관심을 버려두는 것뿐만 아니라, 예수 그리스도의 생명과 빛 가운데서 행할 것을 요구한다.

예수님의 빛은 올바른 삶을 밝힌다. 그것은 거대한 스포트라이트가 예수님에게서 비치는 것과 같다. 그리고 제자로서 우리가 할 일은 그 안에 머무는 것이다. 이 아이디어는 제리 루이스(Jerry Lewis)가 나온 영화의 한 장면을 연상시킨다. 무대 위에 스포트라이트가 비치자 루이스는 그것을 잡으려고 한다. 스포트라이트가 이리저리 움직이자 그는 그 뒤를 쫓으며 잡으려고 애쓴다. 예수 그리스도는 스포트라이트를 비추신다. 그것은 만화 영화가 아니다. 그것은 최상의 삶의 방식을 보여주는 단적인 표현이다. 주님 가까이에 머물며 그 빛 가운데서 행한다면 우리에게는 생명이 있다.

보상에 대한 결정을 하나님이 하시도록 하는 사람

예수님을 따르는 일에 대한 네 번째 진리를 알기 위해 마태복음 19장 16-29절에 기록된 대화를 살펴보자. 대화는 젊은 부자 청년이 예수님께 와서 영생을 얻기 위해 어떤 선한 일을 해야 하는지 묻는 내용으로 이루어져 있다. 그 대화의 전개 과정을 의역하면 다음과 같다.

예수님이 말씀하셨다. "선한 일이 무엇인지 왜 내게 묻느냐? 하나님 외에 선한 이는 아무도 없다. 너는 선함을 참으로 이해하느냐? 왜냐하면 선함은 경건함이며, 그밖에는 아무것도 없기 때문이다. 율법이 무엇이라고 말하느냐? 그대로 하면 살 것이다."

"저는 그렇게 다 했습니다." 청년이 대답했다.

주님은 말씀하셨다. "한 가지 더 해야 할 일이 있다. 너는 가서 너의 모든 소유물을 팔아 가난한 자들에게 나누어주어라. 그 다음에 와서 나를 따르라. 그러면 너는 영생을 얻게 될 뿐 아니라 하늘의 상을 받을 것이다."

베드로와 다른 제자들도 그 대화를 들었다. 의역해본다면, 베드로는 이렇게 의문을 제기했을 것이다. "잠깐만요, 주님. 저희는 오랫동안 주님과 함께 있었습니다. 그리고 저희는 모든 것을 버려두고 주님을 따랐습니다. 저희가 받게 될 상은 어떤 것입니까?"

당신은 어떻게 말했을지 모르지만, 내가 주님이었다면 이렇게 말해주었을 것이다. "쉿! 베드로야. 그건 네가 할 질문이 아닌 것 같구나."

그러나 주님은 그렇게 말씀하시지 않았다. 오히려 이렇게 말씀하셨다. "내가 진실로 너희에게 이르노니 세상이 새롭게 되어 인자가 자기 영광의 보좌에 앉을 때에 나를 따르는 너희도 열두 보좌에 앉아 이스라엘 열두 지파를 심판하리라." 다른 말로 하자면, 주님을 섬기는 일은 정말 손해보는 일이 아니라는 말이다.

그 다음 예수님은 상받는 대상을 더 확장시켜 말씀하신다. "또 내 이름을 위하여 집이나 형제나 자매나 부모나 자식이나 전토를 버린 자마다 여러 배를 받고 또 영생을 상속하리라"(29절). 요약하면 이 말이다. "베드로야, 네가 버린 것의 백 배를 받고 거기다 영생을 더한다면 충분하겠느냐?"

베드로는 거기 앉아서 이렇게 푸념했다. "주님, 저희는 주님과 오랫동안 함께 있었습니다. 우리가 얻을 것은 무엇입니까?" 주님은 말씀하셨다. "세상을 준다면 어떻겠느냐? 그 정도면 충분하겠느냐? 세상에 영생을 더한다면 어떻겠느냐? 그 정도면 만족하겠느냐? 그 정도면 되겠느냐?"

"오, 주님. 그렇게까지 기대하지는 않았습니다." 내 생각에 베드로는 그렇게 말하고 그 자리를 물러났을 것이라고 생각된다.

그후 예수님은 먼저 된 자가 나중 되며 나중 된 자가 먼저 된다고 말씀하시며 이 약속을 신중하게 마무리하셨다. 주님을 섬긴 자들에게 상이 주어지는 날에 아마도 많은 사람이 상당히 놀랄 것이다. 당연히 자기가 제일이라고 생각한 사람들은 더 낮은 마음으로 섬겼던 이름 없는 성도들에게 앞자리를 내주고 무대 뒤로 물러날 것이다. 이 단락에 이어지는 비유는 이땅에서의 삶이 끝나가는 사람들조차도 하나님 나라의 계획 속에 기꺼이 받아들여질 수 있다고 밝히고 있다. 그들은 비록 짧은 시간이지만 주님께 신실했으므로 오래 믿은 사람과 마찬가지로 보상을 받을 수 있다. 하나님은 자신을 섬긴 모든 사람을 위해, 그들의 나이와 상관없이 저울의 정확한 눈금을 유지하는 능력을 갖고 계신다.

상황과 상관없이 비교하지 않고 따르는 사람

예수님을 따르는 것에 대해 살펴보고 싶은 또 하나의 진리가 있다. 요한복음 21장을 보면 예수님은 장래의 보상에 대한 약속으로 우리에게 동기를 부여해주고 계시다. 요한복음 마지막 장을 보면, 예수님과 베드로는 또 다른 대화를 나누고 있다. "나는 그 사람을 몰라요. 모릅니다. 나는 아니에요. 누구요? 예수라구요? 나 참, 나는 정말 그 사람을 모른다구요." 베드로가 그렇게 맹세한 지 불과 몇 주가 지난 다음의 일이었다. 그런 베드로가 다시 예수님의 제자가 되기를 원하며 나누는 대화다.

당신이 예수님이었다면, 당신을 그런 식으로 배반한 베드로를 회복시켜 사역에 복귀시키는 데 얼마의 시간이 필요할까? 대부분의 당회에서는 "위 사람은 최소한 2년 또는 그 이상의 시간 동안 사역을 해서는 안 된다"고 결론내릴 것이다.

이 세상을 위해 다행히 예수님은 다른 방식으로 베드로를 다루셨다. 그 덕분에 그리스도를 모른다고 부인한 지 50일밖에 지나지 않았지만 베드로는 오순절날 강대상을 두드리며, "이스라엘 사람들아, 이 말을 들으라"고 권하며 사람들을 예수님께 인도할 수 있었다.

어떻게 그토록 빠른 회복이 가능한지 의아해하는 사람도 있을 것이다. 여기 그 방법을 소개한다. 이것은 요한복음에 나온 두 번째 숯불이다. 첫 번째 숯불은 베드로가 예수님을 부인하던 대제사장 집 뜰에 있었다. 두 번째 것은 갈릴리 해변에 있었다. 베드로와 주님은 두 번째 숯불 옆에 앉아 있다. 예수님은 불길을 바라보시던 눈을 들어 물으신다. "베드로야, 네가 나를 사랑하느냐?"

"오, 예수님. 주님을 사랑합니다! 언제나 그랬습니다. 저는…"

"내 양을 먹이라."

"뭐라구요?"

"베드로야, 네가 나를 사랑하느냐?"

"맙소사! 주님, 제가 주님을 사랑하는 줄 아시지 않습니까? 주님을 사랑합니다. 주님을 따르겠습니다. 주님을…"

"잠깐! 베드로야. 그것으로는 충분하지 않구나. 네가 나를 사랑하느냐?"

"예, 주님."

"내 양을 먹이라."

베드로를 사역에 복귀시키신 예수님은, 베드로가 예수님을 섬김으로 인해 어떤 죽음을 당할지 예언하셨다고 요한복음 21장은 말한다. 예수님은 말씀하신다. "베드로야, 이제 네가 죽게 될 일에 대해 말해 주겠다."

"오, 주님."

베드로는 죽음에 대한 이야기가 달갑지 않았겠지만, 어쨌든 예수님은 그에게 말씀하셨다. "내가 진실로 진실로 네게 이르노니 네가 젊어서는 스스로 띠 띠고 원하는 곳으로 다녔거니와 늙어서는 네 팔을 벌리리니 남이 네게 띠 띠우고 원하지 아니하는 곳으로 데려가리라"(요 21:18).

다음 절에 요한은 이렇게 설명한다. "이 말씀을 하심은 베드로가 어떠한 죽음으로 하나님께 영광을 돌릴 것을 가리키심이러라." 그후 예수님은 그 성질 급하고 거친 말투를 가진 제자 베드로를 바라보며 "나를 따르라"고 말씀하신다.

베드로는 상당히 똑똑했다. 그는 예수님이 자기가 십자가형으로 죽게 되리라고 말씀하신 것을 알았다. 그때 그는 주위를 둘러보다가 '예수께서 사랑하시는 제자'인 요한을 보았다. 그리고 물었다. "주님 이 사람은 어떻게 되겠사옵나이까?"

예수님은 아마 눈살을 찌푸리셨을 것이다. 그리고 이렇게 말씀하신다. "내가 올 때까지 그를 머물게 하고자 할지라도 네게 무슨 상관이냐 너는 나를 따르라"(요 21:22).

이제 예수님을 따르는 일에 대한 다섯 번째 진리를 살펴보자. 그것은 어떤 상황에도 불구하고 비교하지 않고 그분을 따르는 것이다. 이 진리는 아마 제자도로 가는 가장 큰 장애물 가운데 하나일 것이다. 우리는 어려움에 처했을 때 주위를 둘러보고 불평한다. "저 사람은 어떻게 될까? 왜 저 사람은 이런 어려움을 겪지 않는 거지?" 아니면 다른 사람과 끊임없이 비교하면서 성숙한 그리스도인을 찬탄하고 자기 자신을 이류로 느낀다.

주님을 따르라는 부르심에 응할 때, 우리는 주님을 섬기는 다른 그리스도인과 스스로를 비교해서는 안 된다. 예수님은 "그들에 대해 염려하지 말고 나를 따르는 데만 집중하라"고 말씀하신다.

하나님은 당신에게 수백 또는 수천 명의 사람들을 섬기는 중요한 사역을 맡기실지도 모른다. 아니면 이웃이 어려움에 빠져 있을 때, 그의 손을 잡으라고 당신을 이웃에게 보내실지도 모른다. 예수님은 외로운 이웃의 손을 잡고 있는 평신도에게나, 엄청나게 큰 경기장에서 전도 집회를 인도하는 설교자에게나 동일하게 말씀하신다.

"나를 따르라. 상황이 어떠하든지 비교하지 말고 나를 따르라. 네 눈을 나에게 고정시키고, 제자 된 다른 사람의 사역에 대해 염려하지 말라."

그리스도인의 본보기를 따르라

성경은 예수님의 강력한 리더십에 반응하는 세 가지 방법이 있다고 말한다. 첫째, 제자도로 부르시는 그리스도께 응답함으로써. 둘째, 성숙하고 경건한 그리스도인을 따름으로써. 셋째, 경건한 미덕을 따름으로써 예수님의 리더십에 응답할 수 있다.

첫 번째 방법은 초대 제자들이 예수님의 부르심에 어떻게 반응했는지 살펴봄으로써 알아보았다. 그들은 온전히 헌신하는 마음으로 즉시 반응했다. 예수님은 빛 가운데 행함으로써 자기를 따르라고 가르치셨다. 또 영생의 약속으로 그들에게 동기를 부여하셨다. 그리고 어떠한 상황에도 불구하고 스스로를 다른 그리스도인과 비교하지 말고 따르라고 도전을 주셨다.

그러나 우리는 초대 제자들이 그랬던 것처럼 예수님을 육체적으로 따를 수는 없다. 그렇다면 어떻게 그분을 따를 수 있는가? 예수님이 이 땅에서 리더십의 겉옷을 건네준 사람들, 즉 성숙하고 경건한 그리스도인을 따름으로써 예수님을 따를 수 있다.

사도 바울은 초대 교회 그리스도인들에게 이렇게 하는 방법을 가르쳐주었다. 그는 고린도 교회 성도들에게 자신이 그리스도를 본받는 것같이 자기를 본받으라고 말했다(고전 4:16 참조). 또 빌립보 교회 성도들에게 이렇게 말했다. "형제들아 너희는 함께 나를 본받으라 그리고 너희가 우리를 본받은 것처럼 그와 같이 행하는 자들을 눈여겨 보라"(빌 3:17).

예수님의 제자가 되고 싶다면 우리는 바울과 같이 오늘날의 성숙하고 경건하고 모범적인 그리스도인으로서 본보기가 되어야 한다. 바울이 말한 사람들, 즉 다른 그리스도인들을 위해 모범을 보이는 사람이 되어야 한다.

"내가 말한 대로 하되 내가 행하는 대로는 하지 말라"는 기독교의 책임 회피적인 모습은 너무 오랫동안 지속되어왔다. 자녀들에게 마땅히 모범을 보여야 하는데 그렇게 하지 못했다. 십대 자녀와 마주앉아 "얘들아, 나를 봐. 내가 이 문제를 어떻게 해결했는지 잘 봐." 아니면 "얘야, 내가 일을 처리한 방식을 잘 보아두렴. 내가 하는 것처럼 반응하는 법을 너도 좀 배웠으면 좋겠구나"라고 마지막으로 말했던 적이 과연 언제인가?

나는 더 많은 스승들이 나와 함께 앉아 정욕을 어떻게 처리하는지, 분노는 어떻게 다루는지, 이것은 어떻게 해결하고 저것은 어떻게 해결하는지 말해주었더라면 얼마나 좋았을까 생각한다. 그러나 우리는 아주 민감하고 은밀한 것들에 대해 말하기를 너무 오랫동안 망설여왔다. 그래서 자녀들이나 제자들이 제 스스로 알아내기를 바라는 행운만 기다려왔다. 그렇게 방치해놓고서는 왜 그들이 그렇게 하지 않는지 의아해한다.

얼마 전 나는 큰아이와 이야기를 나누고 있었다. 아이는 그때 내게 열세 살이던 자기 동생과 이야기하는 것에 대해 좋은 충고를 해주었다. "아빠, 그 나이 때 제게는 이런 일이 일어났고 제가 느끼기 시작한 것은 이런저런 것이었어요. 그런저런 문제들에 대해 의아하게 생각하기 시작했구요." 그리고 이렇게 덧붙였다. "지금 제레미에게 그런 문제들을 말씀해주세요. 제레미는 그런 말을 들을 필요가 있다구요."

그런 조언은 얼마나 소중한 것인가. 조언에 따라 나는 어느 날 가정 예배를 드리던 중 제레미에게 물었다. "네 성적인 욕구 상태는 어떠니?"

"아주 사납게 고동치고 있지요!" 제레미는 웃으며 대답했다.

"맙소사, 이렇게 빨리!" 우리는 즉각 대화의 채널을 가동시켰다.

우리 스스로를 제자라고 부른다면, 그리고 주님을 위해 살겠다고 작정했다면, 우리는 자녀들에게 그리고 서로에게 책임을 져야 한다. 교회 안의 연장자들은 젊은이들에게 이렇게 말해줄 수 있어야 한다. "내 생활을 봐. 나는 너희들이 내 삶을 본받았으면 좋겠어. 왜냐하면 내 삶은 하나님이 어떻게 일하시는지를 보여주기 때문이지."

서로 책임진다는 것은 상당히 부담스러운 생각이다. 더러는 "나는 그렇게 못해"라고 생각하는 사람도 있을 것이다.

왜 그런 생각을 달가워하지 않는가? 그 이유는 책임져야 한다는 부담을 원하지 않기 때문이다. 책임을 전가하면서 이렇게 말하기는 너무 쉽다. "나는 제자가 무엇인지, 뭐가 옳은지 다 알고 있어. 내 말을 들어봐. 내가 하라고 말하는 대로 해. 그렇지만 스스로 그렇게 높은 기준에 맞춰 살기를 바라는 것은 아니야. 나를 보지 말고 내 말만 잘 들으면 돼."

오늘날 바울이 그런 말을 듣는다면 이렇게 대꾸하지 않을까? "옳지 않군. 나는 절대 동의할 수 없어."

제자는 그리스도의 삶을 따르는 사람이다. 제자는 예수님의 가르침을 배우는 사람이다. 그러나 더 중요한 것은 예수님의 가르침대로 사는 사람이 제자라는 사실이다. 가장 좋은 가르침은 좋은 본을 보이는 것이라는 말도 있지 않은가?

제자인 우리가 모범을 보이는 멘토가 되어야 하는 이유가 바로 이것이다. 제자로서 우리는 제자를 재생산하며 우리가 하고 있는 것, 즉 예수 그리스도의 명령을 지키라고 그들에게 가르친다. 이것은 데살로니가전서 2장 10-12절에 이렇게 설명되어 있다. "우리가 너희 믿는 자들을 향하여 어떻게 거룩하고 옳고 흠 없이 행하였는지에 대하여 너희가 증인이요 하나님도 그러하시도다 너희도 아는 바와 같이 우리가 너희 각 사람에게 아버지가 자기 자녀에게 하듯 권면하고 위로하고 경계하노니 이는 너희를 부르사 자기 나라와 영광에 이르게 하시는 하나님께 합당히 행하게 하려 함이라."

히브리서 13장 7절은 우리를 인도하는 자들을 주의하여 보고 그들의 믿음을 본받으라고 말한다. 유명 인사의 개성과 스타일을 우상화할 것이 아니라 믿음과 경건함과 훈련된 삶을 사는 사람들을 존경해야 하는 것이다.

기독교의 원리를 따름

우리는 그리스도를 따라야 하며 경건한 그리스도인을 따라야 한다. 그러나 따라야 할 한 가지가 더 있다. 용어 색인에서 '따르다(to follow)'라는 단어를 공부해보면, 성경에서 말하는 '좇음(follow after)'이라는 동사가 포함되어 있음을 알 수 있다. 그 동사가 사용된 목록에는 예수님의 제자로서 추구해야 할 원리와 덕목들이 있다. 우리 할아버지가 똑바로 밭을 갈기 위해 먼 울타리 기둥에 초점을 집중하셨던 것처럼 이러한 덕목에 우리의 눈을 고정시켜야 한다.

그 원리들은 길고 지루한 설교가 아니다. 그 원리는 십계명처럼 간단 명료하게 기술되어 있다. 그러나 두 개의 돌판이 아니라 성경 전체에 흩어져 있다. 그리스도를 따르는 것이 어떤 의미인가를 공부하는 지금 우리에게 주어진 목표를 달성하기 위해 전체 문맥을 고루 살펴보면서 기독교 원리가 포함되어 있는 네 구절에 집중하고자 한다.

첫째는 로마서 14장 19절이다. 그 말씀은 "우리가 화평의 일과 서로 덕을 세우는 일을 힘쓰"라고 권면한다.

둘째 원리는 데살로니가전서 5장 15절에 있다. "서로 대하든지 모든 사람을 대하든지 항상 선을 따르라."

셋째인 디모데후서 2장 22절에서 우리는 "의와 믿음과 사랑과 화평을 따르라"는 권면을 받는다.

끝으로 히브리서 12장 14절은 우리에게 "모든 사람과 더불어 화평함과 거룩함을 따르라 이것이 없이는 아무도 주를 보지 못하리라"고 말한다.

기독교의 원리를 따르는 것은 예수님의 가르침을 듣는 우리가 지속적으로 주님을 따를 수 있는 방법이다. 위에서 말한 네 구절은 '따름(pursue)'이라는 말을 사용하고 있다. 실제로 인격적인 자질이 언급된 성경의 모든 다른 구절들도 우리의 삶을 인도하시는 주님의 푯말이다.

제자로서 우리는 예수님의 강력한 리더십에 충성을 다해야 한다. 그러나 예수님을 육체적으로 따를 수는 없다. 대신 예수님은 우리가 가는 길에 경건한 사람들을 두셔서 우리와 다른 사람들이 그들을 따르도록 배려해주셨다. 아울러 주님은 우리가 따라야 할 원리도 함께 주셨다. 우리가 그 원리들을 좇으며 우리의 목표로 삼기를 원하신다. 허황된 꿈을 좇는 대신, 우리는 그 원리들을 좇아야 한다. 그 원리들을 자녀들에게 가르쳐야 한다. 그러나 가장 중요한 것은 그 원리들을 우리의 삶 속에 반영하는 것이다. 그렇게 함으로써 하나님이 우리에게 가르치라고 허락해주신 다른 사람들과 자녀들이 예수님을 따르는 진정한 의미를 알게 될 것이다.

토론 문제

1. 시간을 내어 누가복음 9장 57-62절에 나오는 사람들을 비교해보라. 어떤 일정한 패턴을 발견할 수 있는가? 열왕기상 19장 19-21절에서, 누가복음 본문에 기록된 예수님의 마지막 말씀에 대한 배경을 공부하라. 엘리사의 헌신은 얼마나 온전한가?

2. 누가복음 9장 57-62절처럼 가족에게 행할 때 그것이 초래할 수 있는 스트레스에 대해 토의하라. 바울은 자기 가족을 어떻게 돌보느냐 하는 것이 영적인 성숙의 증거이며, 그리스도인의 자격 요건이라고 가르쳤다(디모데전서 3장과 디도서 1장을 보라). 이 구절들을 어떻게 누가복음 말씀과 조화시킬 수 있는가?

3. 오늘날 우리가 예수님과 함께 이스라엘에서 육체적으로 걷는 것은 불가능하다. 예수님을 따르기 위해 모든 개인적인 관심을 뒤로하고 어떻게 즉각적으로 반응할 수 있는가?

4. 배우자나 친한 친구와 함께 당신의 삶에 가장 큰 영향력을 끼친 두 사람에 대해 이야기하라. 그들의 개인적인 특성들 중 당신에게 가장 큰 영향을 준 요인은 무엇인가? 당신의 삶에 끼친 그들의 영향력으로 인해 감사 기도를 드리라.

5. 갈라디아서 5장 22-23절과 베드로후서 1장 5-7절과 같은 경건한 사람의 인격적 자질을 열거한 성경 구절들을 가능한 한 많이 찾아 도표로 만들라. 각 구절마다 그 내용에 따라 한 문장으로 된 정의를 내려보라.

7장
영원에 근거한 투자

예수님의 제자가 되겠다고 하기 전에 우리는 먼저 비용을 계산해야 한다. 그렇다면 예수님을 따르는 데 드는 비용은 얼마인가? 전부, 모든 것이다.

제자도의 핵심 6

우리의 소유물에 대한 참된 소유권의 인식

    독일산 고급 스포츠카인 포르쉐를 너무 좋아한 청년이 있었다. 그는 매일 신문을 보면서 포르쉐를 팔려는 광고가 있는지 살펴보았다. 그 차를 살 능력은 없었지만 매일 그렇게 했다.

    어느 날 그는 신형 포르쉐를 단돈 500달러에 팔겠다는 광고를 보고 깜짝 놀랐다. 얼른 정신을 차리고 그것은 인쇄가 잘못된 것이라고 결론내렸다. 신형 포르쉐를 500달러에 팔 리가 없기 때문이다. 그런데 다음날 같은 광고가 또 났다. 광고 자체가 뭔가 잘못된 것이라고 확신했기 때문에 전화를 건다는 것이 너무 어리석은 일이라고 생각했지만, 어쨌든 일단 전화나 걸어보기로 했다.

전화를 받은 여자는 그에게 500달러에 신형 포르쉐를 판다는 광고가 맞다고 안심시켰다.

도저히 믿을 수 없는 일이었다. 그러나 판매자의 집 앞에 도착해보니 문 앞에는 아름다운 신형 포르쉐가 정말 서 있었다. "저 차에는 엔진이 없을 거야." 그런 생각을 하면서 그는 차를 요모조모 뜯어보았다.

한 부인이 차를 보여주기 위해 집에서 나왔다. 그녀는 이 차는 분명히 포르쉐이며, 팔려고 내놓았을 뿐만 아니라 새 차이며, 자기가 요구하는 값은 단돈 500달러라고 다시 한 번 말했다. 시험 운전을 해보자 차는 미끄러지듯 부드럽게 달렸다. 그는 이 모든 일을 믿을 수가 없었다. 그러고는 그 부인에게 500달러를 서둘러 건네주고 그녀가 생각이 바뀔까봐 재빨리 그곳을 떠났다.

차 상태는 매우 훌륭했다. 그것이 오히려 그를 괴롭혔다. 단돈 500달러에 이렇게 좋은 차를 샀다는 사실이 양심에 찔렸던 것이다. 그래서 일주일 동안 포르쉐를 몰고 다닌 다음, 그 부인에게 전화를 걸어 자신이 누구인지 밝히며 이렇게 말했다. "부인, 이 차의 제값이 3만 5천 달러인 사실을 알고 계십니까?"

"잘 알고 있습니다."

"그런데 왜 그 비싼 차를 단돈 500달러에 파신 거지요?"

그녀는 조금도 머뭇거리지 않고 대답했다. "이유를 말씀드리지요. 3주 전 내 남편은 자기 여비서와 함께 버뮤다로 도망갔어요. 그리고 내게 마지막으로 한다는 말이 이 포르쉐를 팔아서 그 돈을 보내달라는 것이었어요. 그래서 나는 그의 말대로 이 차를 판 겁니다."

몇 년 전, 〈리더스 다이제스트〉에서 이 이야기를 읽었을 때 제자도의 여섯 번째 특징을 설명해줄 매우 근사한 예화라고 생각했다. 왜냐하면 여섯 번째 특징은 우리의 소유물과 관련이 있기 때문이다. 그 부인이 남편의 포르쉐를 관리하기는 했지만 주인이 아니었던 것처럼, 우리 역시 우리가 가진 것들의 주인이 아니다.

여섯 번째 특징에 대한 말씀은 누가복음 14장에서 누가가 헌신된 제자의 첫 번째, 네 번째 그리고 다섯 번째 특징을 열거한 바로 다음에 있다. 예수님은 "누구든지 자기 십자가를 지고 나를 따르지 않는 자도 능히 내 제자가 되지 못하리라"(14:27)고 말씀하셨다. 그 다음에 사용하신 예화도 제자도를 위해 우리가 치러야 할 비용이 무엇인지 정확하게 이해하는 데 도움이 된다.

비용을 계산하기

첫 번째 예화에서 예수님은 이렇게 말씀하셨다. "너희 중의 누가 망대를 세우고자 할진대 자기의 가진 것이 준공하기까지에 족할는지 먼저 앉아 그 비용을 계산하지 아니하겠느냐 그렇게 아니하여 그 기초만 쌓고 능히 이루지 못하면 보는 자가 다 비웃어 이르되 이 사람이 공사를 시작하고 능히 이루지 못하였다 하리라"(눅 14:28-30).

이 구절에 언급된 망대는 감시탑이었을 가능성이 높다. 예루살렘에서 벤 구리온 공항까지 고속도로를 타고 갈 때, 내가 가장 좋아하는 광경은 고대 감시탑 유적이었다. 돌과 진흙으로 지어진 감시탑은 밭의 바깥 쪽에 지어진다. 보통 둥글고 2층으로 지어지는 이 탑은 1층은 모텔 기능을 담당하고, 2층은 베란다인데 보통 나뭇가지로 덮여 있다. 그것은 지붕이 없는 일종의 갑판 같은 것으로, 주위 밭의 전망이 가능하다. 이 탑에는 보통 2층 베란다로 올라가는 돌로 만든 계단이 있다.

추수하는 달이 되면 사람들은 도둑으로부터 밭과 가축을 보호하기 위해 감시탑에서 살다시피 했다. 밀은 밭에서 타작했는데, 모든 곡식을 하루에 다 거둬들이기는 불가능했다. 여러 날을 해도 다 마치지 못할 때가 많았다. 그래서 곡식을 밤새 밭에 그대로 남겨두었다. 농작물 주인은 열심히 일해서 수확한 곡식을 도둑이 훔쳐가지 못하도록 추수하는 동안 거기에 사람을 거주하게 하면서 경계를 보았다.

자, 누군가가 2층짜리 감시탑 건축을 시작했다고 상상해보자. 그 사람은 은행 잔고를 점검해보면서 돈이 충분하다고 생각한다. 기초를 쌓고나서야 그는 자신의 실수를 깨닫는다. 돈이 충분하지 못했던 것이다. 결국 감시탑을 완성하지 못한다. 그에게 남은 것이라고는 둥그렇게 도려낸 돌판뿐이다. 그것은 원반 선수가 원반을 던지는 둥그런 발판과 비슷했을 것이다.

마차를 타고 그 옆을 지나가는 사람들의 비웃음소리를 상상할 수 있다. 둥그런 돌 위에 서 있는 사람에게, 지나가던 사람이 지금 뭘 하고 있는 거냐고 묻는다.

"내 감시탑 안에 서 있는 거예요."

"그것은 감시탑이 아니에요. 그것은 망대의 기초처럼 보이는데요.

당신 밭 한가운데 놓여 있는 그 기초는 어디다 쓰는 겁니까?"

창피를 당한 밭 주인은 그제서야 인정한다. "돈을 전부 이 탑 짓는 데 써버렸어요. 기초만 겨우 쌓고 돈이 다 떨어져버렸단 말이오."

결국 그렇게 그는 조롱의 대상이 되고 만다.

몇 년 전 달라스 동쪽 방향인 알칸소로 가는 30번 고속도로변에 거대한 콘도미니엄 단지가 시공에 들어갔다. 터를 닦고 벽이 세워지는가 싶더니 공사는 이내 중단되었다. 개발업자는 돈이 떨어졌고 투자자들에게 자금 횡령으로 고발 조치되었다. 이 일을 둘러싸고 수많은 문제들이 드러났다. 몇 년 동안 그 단지는 거대한 담장으로 둘러싸여 있었는데, 그것은 사람들의 눈에 몹시 거슬리는 모습이었고, 지역 사회를 황폐하게 만들었다.

그 옆을 운전하고 지나가는 사람들은 콘도미니엄 단지의 유리창들이 죄다 부서졌거나 판자로 대충 막아놓은 것을 볼 수 있었다. 흉측했다. 결국 개발업자는 조롱의 대상이 되고 말았다.

나는 캘리포니아에 이와 비슷한 미완성 작업물이 있다는 말을 들었다. 고속도로를 운전해 내려가다가 한 별스런 출구로 빠져나가는데, 여기서 주의하지 않으면 경고문을 놓쳐 "퉁!" 소리를 내면서 무언가에 부딪히고 만다. 좌우에 놓여 있는 오렌지 통에 부딪힌 것이다. 야밤에 오렌지 통 바리케이드를 들이받은 사람은 참 안된 사람이다! 그런 사람들은 왜 고속도로 한중간에 통들이 놓여 있는지 의아할 것이다. 이 불쌍한 사람은 악명 높은 '미완성 고속도로'에 들어선 것이다. 그 길은 정말 어디로도 통하지 않는다. 어떤 건설업자가 길을 닦다가 마치지 못한 것이다.

감시탑을 지은 사람, 텍사스의 콘도미니엄 개발업자, 캘리포니아의 고속도로 건설업자, 이들 모두는 제자가 되기를 원한다고 말하는 많은 사람들과 일면의 공통점이 있다.

공사를 시작하는 것은 제자 훈련을 신청하는 것과 같다. 그리고 더러는 시작한 일의 진짜 비용을 계산해보기도 전에 일을 진행시킨다. 결국 그들은 실패하고, 실패는 개인뿐만 아니라 그리스도의 사역 자체를 조롱의 대상으로 만들어버린다. 그것이 바로 시작한 것을 마치지 못한 위험이다.

대적을 평가하기

예수님이 사용하신 두 번째 예화에서 보면 비용을 계산하는 일에 실패한 결과는 훨씬 더 심각하다. 예수님의 말씀을 들어보자. "또 어떤 임금이 다른 임금과 싸우러 갈 때에 먼저 앉아 일만 명으로써 저 이만 명을 거느리고 오는 자를 대적할 수 있을까 헤아리지 아니하겠느냐 만일 못할 터이면 그가 아직 멀리 있을 때에 사신을 보내어 화친을 청할지니라"(눅 14:31-32).

만 명을 가지고 이만 명의 군사를 지닌 적군을 맞아 싸운다는 것은 파멸을 의미할 수 있다. 비용을 과소 평가하는 데서 오는 위험의 결과는 조롱이다. 그러나 대적을 과소 평가하는 데서 오는 위험의 결과는 파멸이다. 나는 이것을 사담 후세인 원칙이라고 부른다. 한 국가의 왕에 불과한 사담 후세인은 21개국의 연합군을 맞아 싸웠다. 그것은 지혜롭지 못한 행동이었다. 21개국은 행동 개시를 위한 만반의 준비를 하고 그를 지켜보고 있었다. 그들은 경고했다. "그렇게 해서는 안 됩니다. 그 선을 넘지 마시오!"

그러나 어쨌든 그는 그렇게 했다. 그는 전쟁에서 또 다른 '왕국'을 맞기 위해 나섰다. 전쟁은 얼마 동안 지속되었는가? 약 백 시간 정도밖에 안 되었다. 우스운가? 비웃음은 엄청났다. 그러나 파멸은 더 엄청났다.

먼저 공격을 시작해놓고서는 "기다려! 역공하지 마! 우리는 그냥 전쟁놀이를 하고 있을 뿐이야. 하하, 그냥 농담이었다니까!"라고 말할 수는 없다. 쉬는 시간에 놀이터에서 가장 덩치 큰 아이에게 다가가 얼굴을 후려치고는 "이제 경기 끝!"이라고 말할 수 없는 노릇이다.

콜로라도에서 자랄 때, 친구들과 나는 길 양 옆으로 쌓아놓은 거대한 눈더미 위에 올라가 왕놀이를 즐겨했다. 몇 집 건너 한 블록 아래에는 우리보다 몇 살 더 먹은 아이들이 있었는데, 그 아이들은 정말 힘이 셌다. 친구들과 나는 그 아이들보다 훨씬 일찍 학교가 파했기 때문에, 방과 후에 우리는 즐겁게 산 위에서 왕놀이를 했다. 언덕을 점령한 힘센 왕과 용맹스러운 용사놀이를 하면서 말이다. 우리들의 놀이는 힘센 꾸러기들이 학교에서 집으로 올 때까지만 지속되었다. 그들이 오는 것을 보는 순간, 우리는 놀이를 중단하고 "나중에 보자, 얘들아. 이제 집에 가야 할 시간이야" 하면서 도망을 치곤 했다.

종종 우리는 애써 용기를 불어넣는 모임을 갖고는 "쟤들을 해치우자"며 언덕으로 돌진하기도 했다. 번번이 그들은 우리를 밀쳐냈다. 언덕을 향해 거듭 돌진하지만, 아이들은 거기 앉아서 우리를 보고 가소롭다는 듯이 웃을 따름이었다. 그러면 우리는 방향을 돌려 곧바로 후퇴하곤 했다. 그들은 우리를 향해 조소했다. 만 명의 군사력으로 이만 명의 대적을 맞는 것과 같았기 때문이다. 비유적으로 말한다면 우리는 죽임을 당했고 파멸을 당했던 것이다. 종종 우리는 옷과 귀가 온통 눈으로 범벅이 된 채 집으로 가곤 했다. 엄마는 그런 모습을 싫어하셨다.

예수 그리스도의 제자가 되는 비용을 헤아려본 적이 있는가? 많은 사람들이 탑의 기초만 지을 마음을 가지고 "나는 예수님을 따르기 원합니다"라고 말한다. 그런 사람들은 비용을 계산하지도 않고 헌신의 의미를 제대로 이해하지도 못했기 때문에 친구들과 가족, 심지어는 교회로부터도 조롱당한다. 그리고 예수 그리스도의 제자가 되는 데 어떤 대가가 요구되는지 인식하지 못했기 때문에 헌신을 지속할 수 없다.

비슷한 예는 또 있다. 어떤 사람들은 궁극적으로 우리의 대적인 사탄의 능력을 완전히 과소 평가한 채, 그리스도인으로서의 삶을 사는 전쟁에 뛰어든다. 자신의 전투력, 또는 자신의 전투력 부재에 대해 계산해보기 전에 지옥의 세력과 맞서 싸우는 꼴이다. 그 결과, 정복자가 되는 대신 희생자가 되며, 영적 승자가 아닌 영적 패자가 되는 것이다.

예수님을 따르는 데 드는 비용은 얼마인가?

예수님의 제자가 되겠다고 하기 전에 우리는 먼저 비용을 계산해야 한다. 그렇다면 예수님을 따르는 데 드는 비용은 얼마인가?

전부, 모든 것이다.

예수님은 건축과 전쟁, 그 두 이야기를 사용하셔서 비용을 계산하는 의미를 말씀해주셨다. 그런 다음에 이렇게 결론내리셨다. "이와 같이 너희 중의 누구든지 자기의 모든 소유를 버리지 아니하면 능히 내 제자가 되지 못하리라"(눅 14:33).

예수 그리스도를 따르는 데 드는 비용은 '모든 것'이다. 그렇다면 보상은 무엇인가? 아, 그 보상은 천상의 것이다. 짐 엘리엇(Jim Elliot)은 여기에 대해 아주 좋은 말을 남겼다. "잃어서는 안 되는 것을 얻기 위해 자기가 지킬 수 없는 것을 포기하는 사람은 바보가 아니다."

다른 교회의 강사로 초청되었을 때 나는 가끔 이 메시지를 나눈다. 모든 것을 버리라는 이 성경 말씀을 전할 때면, 집회 참석자 중에는 이 메시지가 너무 싫다는 표정이 역력해 금방 눈에 띄는 사람이 더러 있다. 보통 남자들이 많은데 그 표정에는 대개 이런 느낌들이 실려 있다. "그럴 줄 알았어. 침대에 누워 미식 축구를 보는 게 나았어. 그래도 옳다고 생각해 여기 참석했는데 말이야. 그런데 돈이나 챙기려는 초청 강사를 부르다니. 도대체 누가 저 인간을 초청했지?"

나는 지금 은행 금고를 털어 교회에 전부 바치라고 말하는 것이 아니다. 그렇다고 집 문서와 자동차 등록증을 헌금하라는 말도 아니다.

대신 완전히 다른 관점을 가져보라고 말하는 것이다. 부흥 강사가 아닌 투자 상담가로 생각해봐달라는 말이다. 그러면 궁극적인 투자를 어떻게 하는지 보여줄 것이다. 그 투자는 예수 그리스도의 제자가 되는 데 적합하게 해줄 것이다. 내 책상 앞에 앉아 상담에 응하지 않겠는가?

헌신된 제자의 여섯 번째 특징에 관한 표현은 순전히 아내의 공로다. 그 표현은 내가 읽었던 어떤 학술적인 주석보다 낫다. 이 구절의 영어 번역은 이렇다. "그러므로 자기가 소유한 모든 것(all of his own possession)을 포기하지 않는 자는 아무도 내 제자가 될 수 없다." '소유한(own)'이라는 말은 예수님의 의도를 이해하는 열쇠다. 예수님은 우리가 우리 소유의 참된 소유권을 인정하기 원하신다. 헬라어 성경에는 '소유한(own)'이라는 말이 문장 앞에 나와 있는데, 이것은 강조를 위한 것이다. 성경에서 말하는 소유권과 청지기직에 대한 차이를 이해할 때 참된 소유권자를 인정할 수 있다.

청지기직은 하나님으로부터 받은 것은 소유하기 위한 것이 아니라는 사실을 이해할 때 시작된다. 그것은 단지 사용하기 위한 우리 것이다. 성경은 하나님이 우리의 관리 아래 맡겨놓으신 것들을 어떻게 사용해야 하는지 보여주기 위해 청지기직의 기본적인 세 영역을 설명해주고 있다. 우리 자신에 대한 청지기직, 우리가 가진 것들에 대한 청지기직, 그리고 복음의 메시지에 대한 청지기직이 바로 그것이다.

우리 자신에 대한 청지기직

성경은 우리 자신조차도 우리 것이 아니라고 말한다. 우리는 우리 자신에 대한 청지기들이다. 고린도 교회 사람들에게 보낸 편지에서 바울은 "너희 몸은 너희가 하나님께로부터 받은 바 너희 가운데 계신 성령의 전인 줄을 알지 못하느냐 너희는 너희 자신의 것이 아니라"(고전 6:19)고 말했다.

우리는 값을 지불하고 구입한 존재들이다. 주님이 그분의 피로 우리를 사셨다. 우리는 그분의 것이다. 바울도 이렇게 말했다. "값으로 산 것이 되었으니 그런즉 너희 몸으로 하나님께 영광을 돌리라"(고전 6:20). 우리는 우리 자신조차도 소유하고 있지 않다.

그 중요한 사실을 이해할 때, 즉 우리 자신이 우리가 아닌 하나님께 속했다는 사실을 이해할 때, 그것은 우리가 이 세상에서 어떤 일을 해야 하는지 우리의 관점을 분명하게 변화시킨다. 우리 몸을 하나님께 영광 돌리지 않는 방법으로 사용하면 그것은 하나님을 속이는 것이다. 하나님과의 사랑의 관계를 위반하고 있는 것이다. 그 관계는 하나님을 따르겠다고 결의하고, 다른 모든 것을 버리고 전적으로 하나님께 우리 자신을 헌신하겠다고 약속했을 때 시작되었다.

몸을 잘못 다루면 우리는 하나님이 우리에게 의탁하신 것을 잘못 사용하고 있는 것이다. 건강하지 못한 습관이나 위험한 중독에 빠질 때 우리는 우리 몸에 대한 좋은 청지기가 되지 못한다. 또한 제자도의 조건도 어기게 된다.

염려하면서 자신을 학대할 때, 일 중독과 스트레스와 엄청난 피로에 빠질 때 우리는 곧 성령의 전을 파괴하고 있는 것이다.

하나님이 우리에게 주신 것에 대한 청지기직

우리가 우리 자신조차도 소유하고 있지 않다면, 우리가 가진 어떤 것도 우리의 소유 아래 있지 않다. 우리가 가진 것은 모두 하나님이 우리 삶에 허락하신 것이다. 그것은 하나님이 우리에게 소유하라고 주신 것이 아니라, 사용하라고 우리의 통제 가운데 두신 것이다. 컴퓨터건, 집이건, 강단이건, 직장이건, 주말 집회 사역이건, 자녀건, 배우자건 모든 것이 다 그렇다.

어리석은 부자의 비유를 기억하는가? 그는 열심히 자랑한다. "여러 해 쓸 물건을 많이 쌓아 두었으니 평안히 쉬고 먹고 마시고 즐거워하자"(눅 12:19).

바로 그때 하나님은 그의 말을 막으며 말씀하신다. "어리석은 자여 오늘 밤에 네 영혼을 도로 찾으리니 그러면 네 준비한 것이 누구의 것이 되겠느냐"(20절).

청지기직을 이해하지 못한다면 우리는 어리석은 부자의 전철을 밟게 될 것이다. 사람들은 그들이 가진 것들을 사용하기 위함이 아닌 소유하기 위한 것이라고 생각하고 있다. 그렇지 않다. 죽을 때 우리는 아무것도 가지고 가지 못한다. 영구차가 이삿짐까지 싣고 가는 것을 본 적이 있는가? 그럴 수 없다.

전도서는 우리가 아무것도 없는 상태로 나서 아무것도 없는 상태로 죽는다고 말한다. 이 세상에서 축적한 그 어떤 것도 가져가지 못하고 또 다른 바보에게 남겨줄 것이다(5:15).

팻 몰리(Pat Morley)는 「거울 속의 남자(The Man in the Mirror)」에서, 당신이 회사의 최고 경영자이거나 개인 사업을 하는 사장이라면 사장 자리에서 물러나 그 자리를 예수 그리스도께 드려야 한다고 말한다. 마찬가지로 우리는 가족 안에서 리더의 자리를 하나님께 양도하고 가족을 하나님께 드려야 한다.

내가 본 가장 지혜로운 자녀 양육 방법은, 부모님이 우리 세 형제를 양육하신 방법이었다. 때때로 그것은 비겁한 전략으로 비치기도 했다. 부모님은 그저 한 발 비켜서서 최종적인 권위를 가지신 하나님께 문제를 맡기고 우리에게 직접 하나님과 해결하도록 했다. 아버지는 "내가 하라면 그렇게 해"라고 말씀하신 적이 별로 없었다. 부모들은 자녀들이 "왜?"라고 물으면 그렇게 말해버리고 싶은 유혹을 느끼는데도 말이다.

아버지는 자녀 양육에 대한 그 아이디어를 어디서 얻으셨는지 모르겠다. 그러나 그것은 아주 효과적이었다. 나는 나쁜 짓이나 부모님이 찬성하시지 않을 것 같은 일을 구상하면서 아버지께 허락을 구했다. 교묘한 방법으로, 내 계획을 가능한 한 가장 좋게 보이도록 꾸미면서, 그리고 내 나쁜 행동이 마치 이 세상을 위한 자선 행위에 버금가는 것처럼 아버지께 말씀드리곤 했다.

그러면 아버지는 이렇게 말씀하셨다. "그래? 성경은 뭐라고 말하고 있지? 하나님은 그것을 어떻게 생각하실까?"

그런 말을 들으면 나는 보통 한숨을 쉬면서, "아빠는 너무 재미없어!"라고 생각하곤 했다.

아마 요즘 우리 아이들은 내가 아버지에 대해 했던 것과 같은 생각을 우리 부부에게 하고 있을 것이다. 아내와 나는 이미 오래전에, 우리가 그렇게 말한다는 이유만으로 아이들이 순종하지 않으려 한다는 사실에 동의했다. 우리는 아이들을 양육하는 데 아버지의 자녀 양육 방법을 사용하려고 노력했다. 왜냐하면 그들의 삶 가운데 우리 부부가 그렇게 큰 역할을 하지 못할 때가 언젠가는 반드시 올 것이라는 사실을 알고 있기 때문이다. 언제까지나 우리가 그들 주변에 머물며 허락해주거나 그들이 결정 내리는 것을 돕지 못한다. 자기 삶 속에서, "내가 이것을 해야 할 것인가, 말아야 할 것인가"라고 생각하는 상황에 이르렀을 때 어릴 때부터 우리에게 받아온 다음 질문을 던져본다면 우리는 그것만으로 안심이었다. "하나님은 이것에 대해 어떻게 생각하실까?"

'우리 것'이라고 생각하는 것에 대한 청지기직의 가장 큰 교훈은 큰아이 조쉬가 태어났을 때 얻었다. 조쉬가 태어난 다음날, 한밤중에 간호사는 가능한 한 빨리 병원으로 오라는 전화를 했다. 조쉬가 호흡 장애로 그날 밤을 넘기지 못할 것 같다고 말했다. 병원 측은 아이를 더 큰 병원의 신생아 중환자실로 옮겼으며, 우리 부부에게 거기에 같이 있으라고 했다. 그 악몽 같은 전화를 받은 나와 아내는 하나님과 우리 중에 누가 진짜 그 아이의 주인인가 하는 문제로 씨름하며 힘든 이틀을 보냈다. 우리가 어린 아들을 놓았을 때, 곧 그 아이의 참된 '주인'에게 양도했을 때 비로소 하나님은 아이를 회복시켜주셨고 우리에게 돌려주셨다.

열흘 후에 우리는 조쉬를 집으로 데려왔다. 그 이후 우리 부부는 조쉬와 제레미가 주님의 것이라는 사실을 결코 잊지 않는다. 자녀가 내 소유가 아니라는 사실을 분명히 인식한 것이다. 하나님은 우리에게 그들을 키우며 필요한 것을 공급해주면서 그들을 위하여 기도하고 격려하라고 맡기신 것이다.

코리 텐 붐(Corrie Ten Boom)은 이렇게 말했다. "모든 것을 느슨한 손으로 잡으라. 하나님이 손가락을 비집어 손을 펴시면 아프기 때문이다." 물질이건 자녀건 소유하고 있다는 생각은, 그것들을 떠나보내야 할 때 매우 고통스러워 손가락이 부러지는 결과를 낳는다. 그래서 나와 아내는 훌륭한 두 젊은이를 우리 아들이라고 주장하긴 하지만 아주 느슨하게 그들을 붙잡고 있다. 어떤 것을 너무 이기적으로, 너무 꽉 붙잡아서 하나님이 우리 손가락 하나하나를 억지로 펴실 때 그것이 초래하는 고통을 알기 때문이다.

예수님은 하나님이 우리에게 쓰라고 맡겨주신 소유를 어떻게 다루느냐 하는 것이 우리 삶의 상태를 나타낸다고 말씀하셨다. 그것은 식당에 있는 큰 커피포트의 바깥쪽에 있는 유리 튜브와 같다. 그것은 관측 유리로서, 우리는 그것을 통해 포트 안쪽에서 무슨 일이 일어나고 있는지 알 수 있다.

나는 선교에 집중하는 교회를 좋아한다. 선교 프로그램은 교회의 중심이 어디에 있는지 말해주는 관측 유리와 같다. 그런 교회는 두꺼운 카펫이나 크고 멋진 오르간에 돈을 쓰는 대신, 복음의 메시지를 국외로 가지고 가는 데 자원을 사용한다. 그들의 마음은 교회의 바깥, 곧 주님이 필요한 세상에 가 있다.

예수님은 돈은 작은 것이라고 말씀하셨다. (사람들은 이 작은 것을 너무 작게 가지고 있다고 투덜댄다.) 그러나 주님은 돈은 사소한 것이지만, 사람들의 삶에 큰 문제가 되고 있다고 말씀하신다. 그리고 그 특징을 설명하기 위해 또 다른 비유를 들어 말씀하신다. 그것은 성경에서 내가 가장 좋아하는 이야기 가운데 하나다. 비록 가장 이해하기 어려운 비유 가운데 하나이기는 해도 말이다. 이 비유는 누가복음 16장에서 이렇게 열리고 있다.

"또한 제자들에게 이르시되 어떤 부자에게 청지기가 있는데 그가 주인의 소유를 낭비한다는 말이 그 주인에게 들린지라 주인이 그를 불러 이르되 내가 네게 대하여 들은 이 말이 어찌 됨이냐 네가 보던 일을 셈하라 청지기 직무를 계속하지 못하리라 하니 청지기가 속으로 이르되 주인이 내 직분을 빼앗으니 내가 무엇을 할까 땅을 파자니 힘이 없고 빌어 먹자니 부끄럽구나 내가 할 일을 알았도다 이렇게 하면 직분을 빼앗긴 후에 사람들이 나를 자기 집으로 영접하리라 하고 주인에게 빚진 자를 일일이 불러다가 먼저 온 자에게 이르되 네가 내 주인에게 얼마나 빚졌느냐 말하되 기름 백 말이니이다 이르되 여기 네 증서를 가지고 빨리 앉아 오십이라 쓰라 하고 또 다른 이에게 이르되 너는 얼마나 빚졌느냐 이르되 밀 백 석이니이다 이르되 여기 네 증서를 가지고 팔십이라 쓰라 하였는지라 주인이 이 옳지 않은 청지기가 일을 지혜 있게 하였으므로 칭찬하였으니 이 세대의 아들들이 자기 시대에 있어서는 빛의 아들들보다 더 지혜로움이니라 내가 너희에게 말하노니 불의의 재물로 친구를 사귀라 그리하면 그 재물이 없어질 때에 그들이 너희를 영주할 처소로 영접하리라 지극히 작은 것에 충성된 자는 큰 것에도 충성되고 지극히 작은 것에 불의한 자는 큰 것에도 불의하니라 너희가 만일 불의한 재물에도 충성하지 아니하면 누가 참된 것으로 너희에게 맡기겠느냐 너희가 만일 남의 것에 충성하지 아니하면 누가 너희의 것을 너희에게 주겠느냐 집 하인이 두 주인을 섬길 수 없나니 혹 이를 미워하고 저를 사랑하거나 혹 이를 중히 여기고 저를 경히 여길 것임이니라 너희는 하나님과 재물을 겸하여 섬길 수 없느니라"(눅 16:1-13).

이 이야기의 청지기는 한 은행의 지점장과 같다. 회계 감사는 은행장에게 이렇게 말한다. "지점장이 은행에 막대한 손실을 입혔습니다. 당신은 그를 불러들여 해고해야 합니다."

그래서 은행장은 그를 불러들여 이렇게 말한다. "당신에 대해 이상한 이야기를 들었소. 당신이 맡은 청지기 임무에 대한 회계를 해보시오. 당신이 그 일을 계속하기는 어려울 것 같소." 이 말은 무슨 뜻인가. "당신은 해고야." "책상 정리하고 여기서 나가지 그래." "일주일 말미를 줄 텐데, 그후에 당신은 없어." 그런 뜻을 가진 점잖은 성경적 표현이다.

처음에 이 불쌍한 사람은 무슨 일을 해야 할지 몰랐다. 그러다 이렇게 작정한다. "이제 직장을 잃게 되었으니 사람들이 나를 도와주고 자기 집으로 초청할 수 있도록 계획을 짜야겠다."

그래서 그는 모든 채무자를 불렀다. 그 다음에 그들이 빚진 일부만 청구했다. 그렇게 그는 채무자들을 자기 편으로 만들어갔다.

이 비유의 놀라운 대목은 그 다음에 나온다. 당신은 은행장이 그가 한 일을 알았을 때 불같이 노할 것이라고 생각했을지 모른다. 그러나 은행장은 "이 옳지 않은 청지기가 일을 지혜 있게 하였으므로" 그를 '칭찬'했다.

다소 혼동스럽지 않은가? 은행장은 이 지점장이 상관인 자기를 속이고 돈을 사취하는 것을 보았다. 우리같으면 그를 법정에 끌고갔을 텐데 그는 그 대신, 오히려 지혜롭게 행동했다며 칭찬했다!

참 어려운 비유다. 실제로 예수님 이후 2세기에 배교자 줄리안(Julian)이라고 알려진 로마 황제는 자기가 기독교인이 되기 어려운 것은 바로 이 이야기 때문이라고 말했다. 그는 자기 주인의 돈을 말아먹은 불의한 청지기가 오히려 칭찬받았다는 예수님의 말씀을 믿을 수 없었던 것이다.

그 로마 황제가 몰랐던 것은, 그리고 오늘날 많은 사람들이 여전히 알지 못하는 것은, 당시의 문화적 관습을 이해하는 것이 문제를 푸는 데 도움이 된다는 사실이다. 구약에 의하면 유대인은 이스라엘 영토 내에서 다른 유대인에게 이자를 요구해서는 안 되었다. 그것은 고리대금으로 간주되었고, 모세의 율법에 어긋나는 것이었다. 구약의 법에도 불구하고 예수님 당시의 많은 유대인들은, 정당한 이자와 원금보다 훨씬 더 많은 액수로 계약을 맺어 그 율법을 교묘히 피해갔다.

예를 들면 이런 것이다. 올리브 기름 50말이 필요한데 지불할 돈이 충분하지 않다면, 나는 잘 아는 기름 장사를 찾을 것이고 그 사람은 얼마나 필요한지 물어온다.

"50말이 필요합니다." 나는 대답한다.

그러나 그는 내가 현찰이 부족하다는 것과 그 나머지는 외상으로 해야 된다는 사실을 잘 알고 있다. "그럼 제가 청구서를 써드리지요." 청구서를 써주는데 거기에는 올리브 기름 100말 가격이 적혀 있다. 나는 50말만 샀지만, 100말 값을 내야 하는 것이다.

올리브 기름은 그 나라 경제에서 가장 불안정한 생산품이었고, 역사가들에 의하면 이자율은 곱절이었다. 올리브 기름 50말 값만 빌려도 100말 값을 채권자에게 돌려줘야 했던 것이다.

밀 파는 사람에게 가서도 "아저씨, 밀 80석을 외상으로 좀 주세요" 하면, 그는 좋아라 하면서 청구서를 써준다. 그 청구서에는 밀 100석이라고 쓰여 있다. 밀의 이자율은 20퍼센트 정도였기 때문이다.

빚을 갚기 위해 나는 50말을 외상으로 산 장사에게 100말 기름값을 지불해야 한다. 그리고 80석을 준 밀 장수에게 100석의 대금을 지불해야 한다. 이자를 받지 않는다면 기름 50말과 밀 80석만 갚으면 되는데도 말이다.

예수님의 비유에 나오는 청지기는 해고 통고를 받고 실제로 쫓겨나기 전에 채무자들에게 "점심이나 같이하자"고 말한다. 그리고 "우리 주인에게 빚진 게 얼마나 됩니까"라고 묻는다.

"나는 밀 100석을 빚졌소."

"좋아요. 그럼 이 증서에 80이라고 써주면 이자를 제하고 원금만 받겠습니다."

그 다음에는 다른 채무자와 점심을 같이하면서 또 묻는다. "당신은 얼마나 빚이 있습니까?"

"기름 100말을 갚아야 합니다."

"좋아요. 이 증서에 50이라고 써주면 이자를 제해주겠소. 당신은 그냥 원금만 갚으면 됩니다."

이제 왜 주인이 청지기를 감옥에 끌고가지 않았는지 이해할 수 있겠는가? 같은 이유로 마약 사용자들이 불법으로 마약을 받고 마약 판매상들에게 대금을 지불하지 못해도 그 돈을 갚을 법적인 이유는 없다. 한 유대인이 다른 유대인에게 이자를 청구하는 것은 불법이었다. 그렇지만 모든 사람이 그렇게 했다. 불문법과 관행이 위력을 떨치고 있었던 것이다. 그러나 불문법을 어겼다고 사람을 감옥에 넣을 수 없었다. 채무자는 "나는 겨우 50만 빌렸는데, 저 사람이 100을 청구했어요"라고 말할 수 있고, 그러면 채권자는 곤란을 겪을 수 있다.

이 비유에 나오는 주인은 그 청지기가 한 일을 알았을 때 이런 의미로 말했다. "당신에게 졌소. 당신은 정말 영리한 사람이오. 해고된 것은 어쩔 수 없지만, 이번 일을 매끄럽게 처리한 것은 인정하겠소."

이런 식의 일은 오늘날에는 해당되지 않는 것이라고 생각할 수 있다. 그러나 그렇지 않다. 그런 식의 합리화가 이스라엘에서 여전히 일어나고 있다. 유대법에 의하면 자기의 유익을 위해 안식일에 소젖을 짜는 것은 이스라엘에서 불법이다. 그렇지만 소에게 필요하고 유익한 일이라면 젖을 짤 수도 있다.

그 차이점을 어떻게 아는가? 오늘날 이스라엘 장로들은 소에게 필요한 일이어서 젖을 짜야 한다면, 돌 위에서 젖을 짜 그대로 바닥에 쏟아야 한다고 결정했다. 그러나 만일 주인이 필요해 젖을 짠다면 우유통에 담아둘 것이다.

오늘날 이 법의 정신은 빼고 법의 문자만 지키려는 영악한 사람들은 돌을 살균해 통에 넣는다. 그리고 돌 위에서 젖을 짠 다음, 통에 떨어진 우유를 취한다. 사람에게 유리하게 만들기 위해 규칙을 어떻게 조작할 수 있는가 생각하면 놀라울 따름이다. 인정하고 싶지 않겠지만 우리는 저마다 각기 다른 방식으로 이런 일들을 저지르고 있다.

이제 그 주인이 왜 불의한 청지기가 한 일을 두고 지혜롭다고 칭찬했는지 이해할 수 있을 것이다. 그러나 이 비유에 대해 기억해야 할 일이 한 가지 더 있다. 그것은 이 비유의 가장 핵심적인 교훈으로 누가복음 16장 8절에 나온다. "이 세대의 아들들이(다른 말로 하면, 예수 그리스도를 모르는 사람들) 자기 시대에 있어서는 빛의 아들들보다 더 지혜로움이니라." 예수님으로 하여금 짚고 넘어가게 한 문제, 즉 예수님이 제자들에게 깨우쳐주고 싶으셨던 문제는 무엇인가? 그것은 때때로 이 시대의 아들인 불의한 사업가가 자신의 사업 영역에서 처신하는 것이, 그리스도인이 하나님을 위해 행하는 방법보다 더 약삭빠르다는 사실이다.

"그렇다면 정말 하나님은 우리가 약삭빠르기를 원하신다는 말인가?" 그렇다. 하나님은 우리가 약삭빠르기를 원하신다.

주님은 돈을 낭비한 것을 칭찬하신 것이 아니다. 상관을 속이는 것을 원하신 것도 아니다. 청지기는 돈을 낭비했기 때문에 해고되었다. 그러나 하나님은 단지 청지기가 자기 것을 사용해 나중에 그들을 영접할 친구로 만들었다는 사실을 칭찬하신 것이다.

여기에 유추해볼 사실이 있다. 하나님은 우리가 하나님께로부터 받은 청지기 직분을 통해 미래를 위한 계획을 우리 스스로 짜기 원하신다. 그 미래는 재정적인 미래를 말하는 것이 아니다. 하나님이 의미하시는 바는 궁극적인 미래, 즉 영원을 의미하신다. 하나님은 우리에게 청지기직으로 맡기신 것이 무엇이든 간에 그것으로 친구를 사귀며 영원을 위한 계획을 짜라고 말씀하신다.

미국 표준새번역(The New American Standard Version)은 이 지침을 이렇게 해석하고 있다. "불의한 마몬(mammon)을 가지고 친구를 사귀라. 그것이 없어질 때 그들이 너를 영원한 처소로 영접할 것이다"(눅 16:9). 마몬은 아람어로 '큰 부나 가치를 지닌 어떤 것'을 의미한다. 그리고 종종 돈을 의미하는 데 사용된다.

천국에서 이웃이 될 친구를 사귄다는 생각을 가지고 청지기직의 세 번째 영역으로 건너가보자.

복음에 대한 청지기직

예수님은 우리의 재물을 사용해 사람들을 예수님께 인도해야 한다고 말씀하신다. 바울은 우리가 하나님의 비밀을 맡은 자라고 말했다 (고전 4:1). 우리 자신과 소유에 대해 우리에게 책임이 있는 것처럼, 하나님이 맡겨주신 메시지에 대해서도 우리는 책임이 있다.

청지기직의 네 가지 원리

우리의 소유권에 대한 교훈을 요약하기 위해 청지기직의 네 가지 원리를 살펴보기로 하자.

첫째, 하나님은 우리 존재와 우리가 가진 모든 것의 주인이시다.

얼마 전 나는 비행기를 타고 가다가 매우 친절한 남자의 옆자리에 앉았다. 서로 덕담을 나누다보니 그가 직업이 뭐냐고 물어올 것 같은 예감이 들었다. 나는 언제나 그 질문을 피하려 든다. 왜냐하면 신학교에서 강의를 하고 있다고 말하면, 거의 모든 경우에 문이 닫히고 커튼이 내려오면서 창문에 '폐문'이라는 팻말이 내걸리기 때문이다. 사람들은 대개 이렇게 생각하는 모양이었다. '아이고, 재수 없어. 하필 이런 사람 옆에 앉을 게 뭐람. 내가 한 마디만 해도 이 친구는 설교를 늘어놓겠지.'

그래서 직업을 물어오면 으레 나는 교직에 몸담고 있다고 말한다. 무엇을 가르치냐고 물으면 고대 역사를 가르친다고 말하는데 그것은 사실이다. 구약 이스라엘 역사는 상당히 오래된 역사다. 그렇게 이야기가 오가다 불가피한 경우 내가 목사라는 사실이 나오면 그때 대화는 끝나고 만다.

친절한 남자 바로 옆에 앉았던 바로 그날도 나는 직업 문제는 피해야겠다고 결심했다. 무슨 기분에 그랬는지 모르겠다. 그러나 어쨌든 창 밖을 가리키면서, 나는 옆 자리에 앉은 남자에게 "바깥을 한번 보세요"라고 말했다.

그가 내다보았을 때 "땅이 보이세요?"라고 물었다.

"보이네요."

"우리 아버지 땅이에요."

"정말입니까?" 그는 매우 놀라는 것 같았다.

거기서 대화가 중단되고 시간이 조금 흘렀다. 그러다 20분쯤 지나자 또다시 창 밖을 보며 말했다. "저 땅도 보이지요? 저기도 우리 아버지 땅이에요." 한 시간에 800킬로미터를 넘게 가는 비행기 속도를 고려하면 우리가 얼마나 멀리 왔는지 짐작할 수 있을 것이다.

그는 그때 정말로 감탄의 눈길을 보냈다. "아, 정말 믿기 힘들 정도군요."

내 말을 듣고 있던 남자는 다시 물어왔다. "당신 아버지는 무슨 일을 하시는데요?"

"그분은 하나님이시죠."

그것은 썩 유쾌하지 않은 전도의 경험으로 남아 있다. 그 사실을 인정한다. 그때는 상당히 재미있었지만 다시는 그렇게 하지 않을 것이다. 그러나 어쨌든 모든 것이 하나님의 것이지 않은가?

둘째, 하나님은 자신에게 속한 것들을 우리의 책임 아래 두셨다.

이것은 첫 번째 원리에서 추론된 것이다. 하나님이 우리에게 맡기신 위탁은 두 가지 근거에 따라 정해진다. 하나는 그분의 은혜이며, 또 하나는 우리의 능력이다. 하나님은 우리 각자에게 동일한 분량의 은혜를 주셨다. 하나님은 예수 그리스도를 위해 살아야 할 생명과 전해야 할 복음을 우리 모두에게 은혜로 주셨다. 하나님이 우리에게 주신 것은 그분의 메시지이고, 그분의 은혜이며, 그분의 생명이다. 하나님은 모든 살아 있는 것의 창조자라고 성경은 말한다. 따라서 하나님의 은혜는 하나님이 우리에게 맡겨주신 위탁의 기준이다. 성경은 또한 우리의 개인적인 능력에 따라 하나님이 각자 다르게 맡기셨다고 가르친다.

이 위탁이 무슨 의미인지 이해하도록 돕는 두 비유가 있다. 첫 번째는 누가복음 19장에 나오는 므나의 비유다. 열 사람이 각각 한 므나의 책임을 맡았다. 그리고 그들의 충성에 따라 상을 받았다. 같은 양을 위탁받았지만 충성도에 따라 서로 다른 보상을 받았던 것이다.

비슷한 교훈이 마태복음 25장에 나오는 달란트 비유다. 달란트는 능력이 아니라 돈의 단위다. 어떤 사람은 다섯 달란트를 받았고, 다른 사람은 두 달란트, 또 다른 사람은 한 달란트를 받았다. 성경 본문은 그들 각자가 능력에 따라 각각 다른 양의 달란트를 받았다고 말한다.

하나님은 서로 다른 영역에 능력을 가지고 있는 사람들을 비교하기 위해 우리를 심판대에 세우시지 않는다. 예수님은 이 사실을 깨닫게 하시려고 이 비유를 말씀해주셨다. 우리는 동일한 기회를 가지고 있지만 또 어떤 면에서는 그렇지 않다.

나에게는 세 형제와 여동생이 하나 있다. 막내인 여동생이 머리가 제일 좋다. 우리 세 형제는 그저 평균 수준인데 말이다. 우리 덕분에 다른 사람들은 평균 이상이 될 수 있다. 나는 달라스 신학교에서 일하는 내 직업을 좋아한다. 오늘날 신학 교육을 맡고 있는 내로라하는 뛰어난 인재들과 같이 일하는 특권을 가지고 있기 때문이다. 그러나 나는 농담으로 언제나 거기 있는 교수진의 절반은 평균 이하라고 말해왔다. 그것이 평균의 의미가 아닌가? 낮은 점수를 받은 사람과 높은 점수를 받은 사람의 점수를 모두 더해 머릿수로 나눈 것이 평균 아닌가? 그래서 당신이 평균을 하려면 어떤 사람은 반드시 당신 위에 있거나 아래 있다.

어쨌든 두 형과 나는 평균이었고, 여동생은 도표 저 바깥에 있었다. 여동생은 천재들의 모임인 멘사(Mensa Society) 소속이었다. 심판대의 보좌 앞에 설 때 여동생의 지적 능력에 대해서 나에게 아무 책임이 없다는 사실이 나는 참 안심이 된다. 나는 하나님이 내게 맡겨주신 것에 대해서만 책임질 것이다. 그리고 누구나 하나님이 저마다에게 맡겨주신 것에 대해서만 회계하게 될 것이다.

셋째, 하나님의 선물을 맡은 청지기로서 첫째가는 의무는 충성이다.

궁극적으로 우리가 회계할 것은 하나님이 맡겨주신 것을 관리하는 일에 대해 하나님께 충성했는지의 여부다. 고린도전서 4장 2절은 "맡은 자들에게 구할 것은 충성이니라"고 말한다.

넷째, 충성된 봉사에 대한 하나님의 축복은 보상이다.

주님을 섬기는 것은 절대로 손해보는 일이 아니다. 보상은 하나님을 향한 순종에 대한 축복이다. 베드로의 질문을 다시 보자. "주님, 나의 봉사로 무엇을 얻을 수 있습니까? 이익의 꾸러미는 어떤 모양입니까?" 앞장에서 살펴본 대로 예수님의 대답은 정말 놀랍다. 예수님은 베드로에게 이렇게 말씀하셨다. "보상과 영원이란다, 베드로야. 그 정도면 되겠느냐?"(마 19:27-29 참조)

우리 자신, 우리의 소유 그리고 하나님의 메시지에 대해 하나님이 우리에게 주신 청지기직의 원리는 우리의 삶을 구축하는 중요한 요소가 되어야 한다.

당신 손에는 무엇이 있는가?

양심이 찔리는 데서 막 벗어나려고 할 즈음, 즉 결론이 다 나온 것 같은 이 시점에서 예수님은 또다시 이상한 말씀을 하신다. 예수님은 제자가 되는 비용에 대해 가르치고 계셨다. 그러다가 갑자기 누가복음 14장 34절에서 "소금이 좋은 것"이라고 말씀하셨다.

본문을 계속 읽어내려오다가 이 구절을 보면 그것이 무슨 말인지 의아해진다. "소금이 좋은 것이나 소금도 만일 그 맛을 잃으면 무엇으로 짜게 하리요 땅에도, 거름에도 쓸 데 없어 내버리느니라 들을 귀가 있는 자는 들을지어다 하시니라"(눅 14:34-35).

"도대체 여기서 왜 소금이 나오는 거야?"라는 반응이 나올 법하다.

이 말을 이해하려면 좀 더 성경을 해석해보아야 한다. 신약 성경에서 소금이 어떻게 사용되었는지 생각해보면 예수님의 요점은 분명해진다. 소금은 일차적으로 우리가 살고 있는 세상에 미치는 우리의 영향력, 우리의 간증을 설명하는 것으로 사용되었다.

베키 피펏(Becky Pippert)은 「소금 그릇에서 나와 세상으로(Out of Salt Shaker and Into the World)」라는 훌륭한 책을 썼다. 그녀는 소금이 어떻게 짠맛을 잃게 되었는지 잘 생각해보라고 요구한다. 소금이 어떻게 그 맛을 잃는가?

나는 소금이 짠맛을 잃어버리는 유일한 방법은 다른 물질에 오염되는 것이라고 들었다. 짠맛을 희석시키는 다른 물질과 섞일 때 소금은 중화된다.

예수님이 그리고 계신 그림을 보고 있는가? 제자로서의 효율성을 오염시키는 것이 무엇인지 알겠는가? 그것은 우리의 소유물이다. 이쯤 되면 전체 교훈이 한눈에 들어오기 시작한다. 나는 이렇게 의역해보았다. "그러므로 너희들 중 어느 누구도 너희 모든 소유를 포기하지 않으면 내 제자가 될 수 없다. 너희가 계속 너희 자신이 주인인 그런 물질에 매달리면 그것은 제자로서의 너희 힘을 망치는 것은 물론이고, 너희들의 간증도 오염시킬 것이다."

당신은 아직도 당신 소유라고 생각하는 그 무엇에 집착하고 있는가? 언젠가 구약 수업을 듣는 학생들에게 이 질문을 던져보았다. 출애굽기를 공부하면서 모세가 하나님의 부르심을 받고 "네 손에 들고 있는 것이 무엇이냐?"라는 하나님의 질문을 받는 이야기에 들어갔을 즈음이었다.

모세는 긴 지팡이를 들고 있었고 하나님은 그것을 땅에 던지라고 말씀하셨다. 모세가 하나님이 시키시는 대로 하자 지팡이는 뱀으로 변했다. 다음에 하나님은 "꼬리를 잡으라"고 말씀하셨다.

텍사스에 살고 있는 덕에 나는 뱀에 대해 조금 안다. 실제로 최근에 갔던 낚시 여행에서 나는 물뱀 다섯 마리를 보았다. 뱀들은 기슭으로 나와 있었다. 물뱀과 싸울 일이 없는 콜로라도에서 자랐기 때문에 물뱀은 새로운 도전이 되었지만, 나는 그저 낚시 여행을 잘 즐기고 싶었다. 그냥 내버려두거나 그 자리를 조용히 떠나고 싶었다. 그러나 어떤 이유로든 그중 하나를 집어들어야 한다면, 절대로 꼬리 쪽은 잡지 않을 것이다. 꼬리를 잡으면 뱀은 사력을 다해 머리를 돌려 나를 물려고 달려들 것이 확실하기 때문이다.

그러나 하나님은 모세에게 그렇게 하라고 말씀하셨다. 나이 많은 모세는 그 하나님의 말씀에 분명히 눈썹을 치켜들었을 것이다. 그러나 그는 하나님이 하시는 일을 알기 위해 그분을 신뢰하며 뱀의 꼬리를 잡았다. 그러자 뱀은 다시 지팡이로 변했다. 더 이상 그것은 모세의 지팡이가 아니었다. 이제 그것은 하나님의 지팡이로 불리웠다!

그 대목을 읽은 후 본문에서 배울 수 있는 교훈이 무엇인가에 대해 토의했다. 나는 학생들에게 물었다. "여러분의 손에는 무엇이 있습니까? 모든 것을 손에 넣을 수 있는 직업적인 출세를 보장해주는 서류가방입니까? 호화로운 자동차입니까? 운동이나 다이어트, 아니면 습관적인 집착입니까? 관계입니까? 자기 것이라고 생각해 단단히 쥐고 있는 그것은 무엇입니까? 그것이 무엇이든, 누구의 것이든 즉시 던져 버리기 바랍니다."

수업이 끝나고 학생들이 다 떠나자 한 여학생이 강단 쪽으로 왔다. 그녀의 눈은 붉게 충혈되어 있었고 볼을 타고 눈물이 흘러내리고 있었다.

"데비, 무슨 일이니?" 나는 물었다. "무슨 문제라도 있니?"

데비는 굉장히 재주 많은 여학생이었다. 그녀와 부모님과의 관계는 심하게 어그러져 있었다. 부모 자식의 관계는 깨진 지 오래였다. 그녀가 부모님이 원치 않는, 그리고 주님이 찬성하시지 않는 한 젊은 남자와 사귀고 있었기 때문이다. 데비는 고등학교를 졸업한 후에 집에서 나와 따로 살고 있었다. 최근에 그녀와 그 젊은 친구는 약혼했다.

그런 데비가 강단 앞에서 아주 슬프게 울고 있었다. 그녀는 내게 손을 내밀었다. 너무 꽉 쥐어서 흰빛이 도는 주먹이었다.

"데비, 무슨 일이지?" 나는 다시 물었다.

그녀는 천천히 자기 주먹을 폈다. 그녀가 편 손바닥에는 다이아몬드 약혼 반지가 놓여 있었다.

"저는 이걸 그동안 꽉 쥐고 있었어요." 그녀는 다이아몬드를 쳐다보며 말했다. "이 반지, 이 관계."

데비의 이야기는 해피 엔딩으로 끝난다. 데비는 반지를 남자 친구에게 돌려주었다. 그러나 하나님은 그녀의 손가락에 또 다른 반지 하나를 끼워주셨다. 그녀는 내가 가르쳤던 학생 가운데 가장 단정한 한 남학생으로부터 그 반지를 받았다. 지금 그들은 네 자녀를 둔 부부로,

교사로, 또 찬양 사역으로 열심히 살고 있다. 모든 일은 데비가 기꺼이 이렇게 말할 수 있었기 때문에 가능했다. "주님, 이 반지를 제 손에 쥐고 있다면, 주님이 제 삶에 주고 싶어하시는 영향력과 간증과 사역과 능력을 가질 수 없습니다. 여기 있습니다. 주님, 이것을 가지십시오. 이것은 당신 것입니다. 제가 가진 모든 것은 당신의 것이며, 언제나 당신의 것이었습니다."

제자도의 여섯 번째 특징은 예수 그리스도를 따르는 데 어떤 값을 치러야 하는지 알고, 우리가 가진 것들의 참된 소유권을 인정하는 것이다. 이 장을 마무리하면서 소유의 의미가 무엇인지 아주 잘 설명해 주는 예화를 나누고 싶다. 이것은 후안 카를로스 오르티즈(Juan Carlos Ortiz)가 한 이야기다.

"이 진주를 사고 싶은데요. 얼마죠?"
"글쎄요, 아주 비싼데요." 상인이 말한다.
"얼마나 비쌉니까?"
"아주 돈이 많이 드는데요."
"제가 살 수 있습니까?"
"그럼요. 누구든 살 수 있습니다."
"그런데 당신은 그게 아주 비싸다고 했잖아요."
"그랬지요."
"그렇다면 도대체 얼맙니까?"
"당신이 가진 것 전부요."

우리는 결심한다. "좋아요. 사겠습니다."

"자, 당신이 가진 것은 무엇입니까? 그걸 여기다 쓰세요." 그는 알고 싶어한다.

"은행에 만 달러가 있습니다."

"좋아요. 만 달러라구요. 또 다른 것은 없습니까?"

"그게 다예요. 그게 내가 가진 전부라구요."

"정말 더는 없습니까?"

"글쎄, 여기 주머니에 몇 달러 더 있긴 합니다만."

"얼마죠?"

우리는 주머니를 뒤진다. "자, 봅시다. 30, 40, 60, 80, 100, 120달러 군요."

"좋아요. 그 밖에 다른 것은 없습니까?"

"이젠 없습니다. 그게 다예요."

"지금 어디서 살고 있죠?" 그는 계속 묻는다.

"우리 집에서 살죠. 그렇군요. 집이 있군요."

"그럼, 집도 여기 포함시킵시다." 그는 그것도 종이에 적는다.

"그럼 당신은 나더러 캠프용 트레일러에서 살라는 말이에요?"

"캠프용 트레일러도 있어요? 그렇다면 그것도 여기 적읍시다. 또 뭐가 있죠?"

"이젠 차 안에서 자야 되겠군."

"차도 있군요?"

"두 대 있어요."

"둘 다 내 겁니다. 두 대 다 말이에요. 다른 것은 또 없나요?"

"이봐요. 당신은 내 돈 전부와 캠프용 트레일러와, 차 두 대까지 가져갔습니다. 뭘 더 원하는 겁니까?"

"당신은 이 세상에서 혼자입니까?"

"아니요. 아내와 두 자녀가 있어요."

"그렇습니까? 그러면 당신 아내와 자녀들도 다 내 소유입니다. 또 없습니까?"

"이제 내게 남아 있는 건 아무것도 없어요. 이젠 나 혼자뿐입니다."

갑자기 그 상인은 큰 소리로 외친다. "아참, 하마터면 잊을 뻔했군요. 당신도 마찬가지예요. 모든 것이 내 겁니다. 아내와 자녀들, 집과 돈과 차… 그리고 당신까지."

그리고 계속한다. "이제 잘 들어요. 나는 얼마 동안 이 모든 것을 당신이 사용하도록 허락하겠소. 그러나 당신이 내 것인 것처럼, 그것들도 전부 내 것이라는 사실을 잊지 마시오. 그리고 그중에서 어떤 것이든 필요하다고 생각되면 언제든지 당신은 그것을 포기해야 합니다. 왜냐하면 이제는 내가 주인이니까요."

이제는 손을 벌려 그 모든 것을 느슨하게 잡기 바란다. 예수님이 모든 것을 소유하고 계신다. 우리가 가진 모든 것, 앞으로 가질 모든 것 그리고 우리 자신, 우리가 앞으로 될 모든 것… 모든 것이 그분의 것이다.

토론 문제

1. 청지기직이 그리스도인들 사이에서 가장 까다로운 토론 주제가 되는 이유는 무엇인가?

2. 당신의 청지기직을 평가해보라. 1은 가장 낮은 점수이며, 10은 가장 높은 점수다.

개인으로서 나 자신	1	2	3	4	5	6	7	8	9	10
내 돈과 내가 가진 것	1	2	3	4	5	6	7	8	9	10
나의 사역과 복음 전파	1	2	3	4	5	6	7	8	9	10

3. 모세의 지팡이와 데비의 다이아몬드 반지와 관련된 다른 구절이나 예화를 생각해보라. 하나님 앞에서 열린 손으로 쥐어야 할 필요가 있는 것에 대해 하나님이 마음속에 생각나게 해주시는 것들은 무엇인가?

4. 우리가 가진 모든 것에 대한 참된 소유권을 인정함으로써 얻게 되는 자유는 무엇인가?

5. 지금 이 땅에서 예수님의 제자가 되고 싶다면, 우리가 셈할 필요가 있는 비용은 무엇인가? 그 비용에 대해 토론해보라.

8장
제자임을 알게 하라

이웃을 향해 예수 그리스도를 위해 영향력을 미치고 싶다면, 또 세상을 향해 효과적인 복음 증거를 하고 싶다면, 서로 사랑해야 할 뿐 아니라 그리스도를 닮은 사랑을 솔선하여 베푸는 사람이 되어야 한다.

제자도의 핵심 7

다른 사람들에게
그리스도의 사랑을 반영함

    2년 전, 나는 콜로라도에서 열렸던 가정을 위한 주말 집회에 말씀을 전하러 가면서 큰아들 조쉬를 데리고 갔다. 집회가 모나크 스키장 가까이에 있었고, 조쉬와 나는 한 번도 스키를 타보지 않았기 때문에 우리는 스키를 타보기로 했다. 그래서 스키 레슨을 신청했다. 처음에 수업은 스키를 신지 않고 시작된다. 그 다음에는 스키 한 쪽을 준다. 그 다음에 다른 한 쪽 스키를 주면서 둥그렇게 도는 방법을 가르쳐준다. 그 수업을 마치면 낮은 언덕을 오르내리는 방법을 배운다. 그것은 언덕이라고 하기에는 좀 부족하긴 하지만, 완전 초보에게는 에베레스트 산처럼 보인다.

우리는 강사들이 토끼 경사라고 부르는 낮은 언덕에서 스키 타는 방법을 배우느라 아침 시간을 보냈다. 넘어지지 않고 그 작은 언덕을 세 번 오르내리자, 주말 집회에 참석했던 부부 팀 가운데 한 부부는 우리에게 이제 다음 단계로 옮겨도 되겠다고 말했다.

우리가 그 말의 뜻을 모르는 것처럼 보였는지 그들은 친절하게 설명까지 해주었다. "스키 리프트를 타고 첫 번째 정류장에서 내리지 말고 두 번째 정류장까지 가세요. 거기 초록색 경사가 있을 거예요."

초록색 경사는 완전 초보 단계에서 일보 진전한 단계다. 진도는 초록색에서 푸른색으로 그리고 검은색으로 진행된다. 초록색 경사는 토끼 경사보다 조금 더 어려운 단계인 셈이다. 그래도 여전히 초보를 위한 경사였기 때문에 우리는 한번 시도해보기로 했다.

그 부부는 우리를 '작은 조(little Joe)'라고 부르는 언덕으로 데리고 갔다. 그곳에 가자마자 맨처음 눈에 띈 것은 '작은 조'라는 이름이 잘못 붙여졌다는 사실이었다. 그 언덕은 전혀 작지 않았다. 실제로 그 작은 언덕 꼭대기에 서서 나는 언덕의 바닥조차 볼 수가 없었다. 시작부터 나는 너무 불안했다.

이제 겨우 완전 초보 코스 1단계만 마친 우리였다. 수업에서 배운 것은 멈추고 싶으면 무릎을 꺾은 다음 스키 방향을 틀어 넉가래로 눈을 치우듯 "바깥 쪽으로 눈을 걷어낸다"는 것뿐이었다. 첫 번째 수업에서 가르쳐준 것은 그것이 전부였다. 그때는 평평한 바닥에서 스키를 타고 움직인다. 그런데 두 번째 수업에서 배운 바깥쪽으로 눈을 걷어내는 것도 경사 면에서 멈추는 방법이 아니었다. 물론 센스 있는 사람이라면 그 정도는 혼자 터득할 수 있는 것이었지만 말이다.

약간 불안하기는 했지만, 멈추는 방법을 안다고 생각했기 때문에 나는 산을 내려가기 시작했다. 나는 재빨리 멈추기로 마음먹고 스키 방향을 틀어 눈을 걷어내는 자세를 취했다. 그런데 멈추어지기는커녕 더 가속이 붙었다. 나는 그 산을 날아서 내려가고 있었다. 적어도 내 스키 안경으로 보이는 모습은 그랬다. 내 삶의 모든 것이 눈앞에서 지나가고 있었다. 나는 무릎을 꺾으면서 스키 방향을 틀어 눈을 걷어내는 자세로 멈추려 했지만, 오히려 점점 더 빨리 내려갈 뿐이었다.

다행히 나는 가까스로 넘어졌다. 아프기는 했지만 최소한 멈출 수는 있었다. 그때 나는 두 번째 수업에서 배운 또 다른 사실을 하나 깨달았다. 그것은 손목 끈을 손목 주위에 매지 말라는 것이었다. 그런데 그 지시를 깜박 잊는 바람에, 엄지손가락을 삐고 어깨에 타박상을 입었다. 불행하게도 나는 여전히 그 언덕 꼭대기 근처에 있었다. 그 사실은 참으로 근심스러운 것이었다. 그 작은 조를 내려가면서 나는 열다섯 번 내지 스무 번 정도 넘어졌다. 그러나 그 부부는 매우 사려 깊은 사람들이었다. 그들은 나와 함께 있으면서 계속 나를 격려해주었다.

솔직히 두어 번 정도 불평하는 생각을 하긴 했지만 겉으로 표현하지는 않았다. 나는 모범적인 설교자처럼, "오, 하나님!"이라고 부르짖었다. 그것은 하나님 이름을 함부로 부른 것이 아니었다. 말 그대로 기도였다!

내가 아래에 도착했을 때쯤 조쉬는 열두 번도 더 오르내렸다. 아이는 스키를 타고 다가와 "아빠, 너무 신나요!"라고 말했다.

나는 인내심과 이해심이 많은 아버지라고 자부했었는데, 그때는 아이를 혼내주고 싶을 정도로 약이 올랐다.

아이가 소리쳤다. "아빠, 아빠는 언덕을 잘못 아셨어요."

"이게 바로 작은 조 언덕이야."

"알아요. 하지만 그 언덕에는 연한 초록색 경사라는 또 다른 부분이 있어요. 아빤 거기서 타셨어야 했는데." 아무도 나에게 여러 초록색이 있다고 말해주지 않았다!

아이는 나를 다시 데리고 올라갔다. 그리고 연한 초록색 경사로 내려왔다. 아이 말대로 그곳은 훨씬 경사가 완만했다. 적어도 그 경사 끝부분에 도달했을 때까지는 말이다. 끝부분에 도달하자 나는 방향을 한 번 틀었는데, 그때 또 세상이 내 밑에서 사라지고 말았다. 또 날기 시작했던 것이다.

눈앞에는 스키 리프트를 타려는 사람들이 줄지어 선 정류장이 있었다. 그 옆에는 휴게소와 모텔, 그리고 긴 스키걸이와 다른 장비들이 있었다. 그 다음에 있는 것들이 눈에 들어왔다. 플라스틱으로 만든 그물 울타리였다. 산을 내려가면서 나는 그것을 최종 목표로 삼았다.

나는 나를 포함한 어느 누구도 다치게 하고 싶지 않았다. 그래서 줄을 서서 기다리고 있는 사람들, 모텔과 스키걸이를 어떻게든 비켜 가야 했다. 운이 좋으면 그 울타리를 들이받을 것이다. 왜냐하면 그때까지도 멈추는 방법을 몰랐기 때문에.

속도는 점점 빨라졌고 산의 경사를 다 내려간 다음 마침내 울타리에 부딪혔다. 나는 아무렇게나 내동이쳐져 이 기둥에서 저 기둥으로 미끄러졌다. 너무나 확 눈에 띄어서 리프트를 타려고 기다리던 사람들이 나를 도와주러 우르르 몰려왔다.

내게 맨 먼저 달려온 사람이 괜찮은지 물었다.

마침내 멈추었다는 사실에 안심한 나는 "지금은 괜찮습니다"라고 말했다.

"무슨 뜻이죠?" 그 사람이 물었다.

"이 울타리가 목표였거든요."

그것은 내가 하루 종일 달성한 유일한 목표였다.

제자 삼는 일은 본질적인 것

작은 언덕을 내려오기 전에 나는 적절한 도움말을 듣지 못했다. 더 많은 도움이 필요했지만 받지 못했던 것이다. 성경은 우리가 도움을 받을 필요가 있다고 말한다. 사실, 이 세상에 사는 사람들 모두가 도움이 필요하다. 우리에게는 우리를 제자로 훈련시켜주기 위해 우리 옆에 와줄 누군가가 필요하다. 그리고 제자가 되는 방법을 배웠으면 다른 사람에게 가서 제자가 되는 방법을 가르쳐주어야 한다. 세상 모든 나라에 예수 그리스도의 제자들이 가득 찰 때까지 이 일은 지속되어야 한다.

마태복음 28장 18-20절에 나오는 지상 명령에서, 예수님은 "하늘과 땅의 모든 권세를 내게 주셨으니"라고 말씀하셨다. 그 다음에 주님은 자신에 대한 말씀에서 방향을 돌려 제자들에게 명령하셨다. "그러므로 너희는 가서 모든 민족을 제자로 삼아 아버지와 아들과 성령의 이름으로 세례를 베풀고."

아버지와 아들과 성령의 이름으로 세례를 베풀라는 명령은 예수님 당시에는 매우 의미 심장한 말이었다. 세례는 과거나 지금이나 공적인 환경에서 믿음을 간증하는 선언으로, 세례받은 사람이 예수 그리스도가 삼위 하나님 가운데 한 분이신 것을 믿으며 그분을 의지한다는 것을 보여주는 일이다. 아버지와 아들과 성령의 이름으로 세례를 받는 것은, 다른 믿음을 가진 모든 사람들로부터 예수님을 따르는 사람들을 그리스도인으로서 구별해준다.

그런 다음 예수님은 "가르쳐 지키게 하라"는 말씀을 더하셨다. 제자도가 또 하나의 성경 강좌나 설교 시리즈를 듣거나, 누군가와 하나님에 대한 이야기를 하며 시간을 보내는 것을 의미한다고 생각하는 사람들이 더러 있다. 그 모든 것은 유익하며 나름대로 의미 있다. 그러나 예수님은 복음의 기쁜 소식을 다른 사람들에게 전할 뿐만 아니라, 그분이 명하신 모든 것을 가르쳐 지키게 함으로써 제자 삼으라고 말씀하셨다.

마음속으로 상상하기 쉬운 과녁을 생각해보라. 과녁 바깥쪽 원은 예수 그리스도가 본을 보이고 위탁하셨던 그분의 전체 삶과 사역이다. 그 원 안에 다른 또 하나의 원이 있는데, 그 원은 그분이 가르치셨던 모든 것을 대표한다. 주님은 본을 보이심으로, 시험하심으로, 명령을 주심으로, 구체적인 교훈을 주심으로 가르치셨다. 그리고 끝으로 과녁의 정중앙은 성경적인 제자의 일곱 가지 특징이다. 이것이 문제의 핵심이며, 우리가 달성하려고 애쓰는 목표이자, 바로 이 책의 내용이다. 이제 마지막 특징을 공부하기에 앞서 지금까지의 내용을 간단히 복습해보자.

첫 번째 특징은 예수 그리스도가 내 삶의 최상이며, 비할 데 없는 사랑의 대상이 되는 것이다. 두 번째 장에서는 주님을 향한 사랑을 어떻게 보여드릴 것인가를 다루었다. 그분과 시간을 보냄으로, 대화를 나눔으로, 선물을 드림으로, 그분을 위해 다른 모든 관계를 버림으로써 그 사랑을 보여줄 수 있다.

우리가 하는 일과 시간을 보내는 방법을 보면, 예수님은 과연 우리에게 사랑받고 있다고 느끼실까? 가슴에 손을 얹고 깊이 생각해보라.

두 번째 특징은 논리적으로 보면 첫 번째 특징에서 연유한다. 요한복음 8장 31-32절에서 예수님은 자기를 믿은 유대인들에게 말씀하셨다. "너희가 내 말에 거하면 참으로 내 제자가 되고 진리를 알지니 진리가 너희를 자유롭게 하리라." 예수님을 사랑하면(첫 번째 특징) 우리는 그분의 가르침을 공부하고 그분의 말씀에 거하는 데 정기적으로 그리고 헌신적으로 시간을 보낼 것이다(두 번째 특징).

세 번째, 네 번째, 다섯 번째 특징은 우리 자신을 부인하고 십자가를 지며 그분을 따르라는 것이다. 삶에서 우리 스스로 권위와 관심의 초점이 되기를 포기하고, 예수 그리스도의 십자가에 자신을 희생해야 한다는 것을 분명히 인식해야 한다. 그것은 십자가로 돌아가 갈보리에서 예수님이 우리를 위해 하신 일로 인해 주님께 감사드리는 삶을 사는 것을 의미한다. 그것은 또한 그리스도와 함께 십자가에 못 박힌 사실에 비추어 삶을 살아가는 매일의 경험이어야 한다.

바울은 이렇게 말한다. "내가 그리스도와 함께 십자가에 못 박혔나니 그런즉 이제는 내가 사는 것이 아니요 오직 내 안에 그리스도께서 사시는 것이라 이제 내가 육체 가운데 사는 것은 나를 사랑하사 나를 위하여 자기 자신을 버리신 하나님의 아들을 믿는 믿음 안에서 사는 것이라"(갈 2:20). 그것은 우리가 주님의 강력한 리더십에 충성하면서 그분을 따를 때 그분을 위해 사는 삶의 모범이다.

그렇게 할 때 하나님이 우리의 통제 안에 두신 것들의 참 주인이 누구인가 바로 이해하는 것이, 그분의 첫 번째 요구 사항임을 발견할 수 있다. 그것이 여섯 번째 특징인, 우리의 소유권에 대한 참된 인식이다. 우리의 존재와 소유의 모든 것은 그분으로부터 왔다.

이제 목표의 핵심 중의 핵심을 살펴볼 차례다. 여기서 다루게 되는 그것은 바로 사랑이다.

문제의 핵심, 사랑

주일학교 시절, 내가 제일 좋아한 노래는 이것이었다. "우리의 사랑으로 우리의 사랑으로 사람들은 우리가 그리스도인인 것을 알게 되리. 우리의 사랑으로 사람들은 우리가 그리스도인인 것을 알게 되리."

예수님의 제자로서 우리는 하나님의 사랑을 서로에게 나타내야 한다. 주님의 사랑이 비춰오면, 우리는 바로 그 사랑의 빛을 다른 사람에게 나타내야 한다. 그리스도가 나타내셨던 사랑의 방법대로 사람들을 사랑해야 하는 것이다.

신약은 '사랑의 성명서'로 가득 차 있다.

"하나님이 세상을 이처럼 사랑하사 독생자를 주셨으니 이는 그를 믿는 자마다 멸망하지 않고 영생을 얻게 하려 하심이라"(요 3:16).

"사랑은 여기 있으니 우리가 하나님을 사랑한 것이 아니요 오직 하나님이 우리를 사랑하사 우리 죄를 속하기 위하여 화목 제물로 그 아들을 보내셨음이라"(요일 4:10).

"우리가 아직 죄인 되었을 때에 그리스도께서 우리를 위하여 죽으심으로 하나님께서 우리에 대한 자기의 사랑을 확증하셨느니라"(롬 5:8).

헌신된 제자의 일곱 번째이자 마지막 특징은 요한복음 13장 34-35절에 있다. 예수님은 이렇게 말씀하셨다. "새 계명을 너희에게 주노니 서로 사랑하라 내가 너희를 사랑한 것 같이 너희도 서로 사랑하라 너희가 서로 사랑하면 이로써 모든 사람이 너희가 내 제자인 줄 알리라."

제자의 마지막 특징으로, 특히 이 구절에서 'R'로 시작하는 세 단어에 주목하라. 첫째, 예수님이 말씀하시는 사랑은 계시(Revelation)다. 예수님은 그것을 새 계명이라고 부르셨다. 구약 성경도 우리에게 사랑하라고 명한다. 그러나 그것은 예수님 안에서 계시된 방식은 아니었다. 앞으로 살펴보겠지만, 예수님은 사랑을 보여주시면서 최고의 기준을 세워주셨다. 이것으로 두 번째 'R'로 나아간다. 예수님의 사랑은 반영(Reflection)이다. 하나님의 사랑을 나타내는 대행자로서, 예수님은 우리가 그분의 사랑을 다른 사람에게 보여줄 때 과연 어디까지 보여주어야 하는지 그 범위를 몸소 보여주셨다. 마지막 'R'은 관계(Relation)다. 사랑은 우리 삶의 '서로(one anothers)'라고 하나님이 이름 하신 사람을 향해야 한다. 따라서 사랑은 이렇게 정의될 수 있다. 사랑은 반영된 관계의 계시다(Love is a revelation of a reflected relationship).

그리스도인을 위한 세 가지 우선 관계

다락방 강론 도중, 예수님은 제자들에게 사랑하는 방법을 가르치셨다. 그야말로 다함이 없는 사랑을 마지막으로 보여주신 전날 밤, 예수님은 제자들을 위해 사랑을 정의하셨다. 요한복음 15장에는 예수님이 말씀하신 믿는 사람들을 위한 세 가지 기본적인 우선순위가 나와 있다.

경영학계의 권위자 피터 드러커(Peter Drucker)는 우선순위를 '책임 있는 관계'라고 정의했다. 우선순위는 주어진 관계 내에서의 책임이다. 우리 가족의 삶 속에서 우선순위의 예를 들어보겠다.

우리 집 1층 거실에는 아내가 엷은 자주색이라고 생각하는 분홍색 소파가 있다. 아내가 엷은 자주색이라고 생각하는 분홍색 소파에 대해 나는 아무런 우선순위가 없다. 그러나 나는 아내와 관계가 있다. 그 관계는 그녀가 엷은 자주색이라고 생각하는 분홍색 소파에서 나와 아이들이 어떻게 해야 하는지 규정한다.

아내는 내가 분홍색이라고 생각하는 엷은 자주색 꽃무늬가 있는 바다색 벽지를 발견했다. 그것은 아내가 엷은 자주색이라고 생각하는 분홍색 소파와 아주 잘 어울렸다. 아내는 그 벽지와 어울리는 커튼을 만들었다. 그녀는 정말 훌륭한 재봉사이며 기술이 뛰어난 장식가다. 그렇게 우리 집 아래층은 그녀가 엷은 자주색이라고 생각하는 분홍색 소파와 전체적으로 색상의 조화가 잘 어우러진다. 그렇지만 종종 나와 아이들이 바깥에서 묻혀 들어오는 진흙이나 풀과는 전혀 어울리지 않는다.

잔디밭에서 난장판을 벌이거나 농구를 해서 땀으로 뒤범벅이 되었을 때 우리는 아내가 연한 자주색이라고 생각하는 분홍색 소파에 앉아 빈둥거려서는 안 된다. 우리는 아내이자 엄마인 바비와의 관계 안에서 그렇게 하지 않을 책임이 있다. 소파와 관계를 맺고 있는 것이 아니라 바비와 관계를 맺고 있기 때문이다. 그 관계는 그녀가 엷은 자주색이라고 생각하는 분홍색 소파와 관련 있는 책임을 규정짓는다.

나는 아내와의 관계에서 다른 책임도 있다. 아이들과의 관계에서, 교회와 또 목사님과의 관계에서, 그리고 달라스 신학교 동료 교수들과의 관계에서 나는 많은 책임을 지고 있다. 그러한 관계 속에서의 책임이 나의 우선순위를 결정한다.

우선순위 1 : 예수님 안에 거함

우선순위는 물건이 아니라 사람에 대한 것이다. 그것은 사람들과의 관계이며, 그 관계는 내가 물건을 어떻게 사용하는가를 결정한다. 요한복음 15장 1-11절은 세 가지 우선순위의 관계를 구체적으로 밝히면서, 그 관계에서 가장 두드러지는 우선순위에 대한 제일의 책임을 말하고 있다.

> "나는 참포도나무요 내 아버지는 농부라 무릇 내게 붙어 있어 열매를 맺지 아니하는 가지는 아버지께서 그것을 제거해 버리시고 무릇 열매를 맺는 가지는 더 열매를 맺게 하려 하여 그것을 깨끗하게 하시느니라 너희는 내가 일러준 말로 이미 깨끗하여졌으니 내 안에 거하라 나도 너희 안에 거하리라 가지가 포도나무에 붙어 있지 아니하면 스스로 열매를 맺을 수 없음 같이 너희도 내 안에 있지 아니하면 그러하리라 나는 포도나무요 너희는 가지라 그가 내 안에, 내가 그 안에 거하면 사람이 열매를 많이 맺나니 나를 떠나서는 너희가 아무 것도 할 수 없음이라."

우리 대부분은 예수님이 "나를 떠나서 너희는 대부분의 일을 무척 잘할 수 있으리라"고 말씀하신 것처럼 살아간다. 그러나 주님은 그렇게 말씀하지 않고 이렇게 말씀하셨다.

> "나를 떠나서는 너희가 아무 것도 할 수 없음이라 사람이 내 안에 거

하지 아니하면 가지처럼 밖에 버려져 마르나니 사람들이 그것을 모아다가 불에 던져 사르느니라 너희가 내 안에 거하고 내 말이 너희 안에 거하면 무엇이든지 원하는 대로 구하라 그리하면 이루리라 너희가 열매를 많이 맺으면 내 아버지께서 영광을 받으실 것이요 너희가 내 제자가 되리라 아버지께서 나를 사랑하신 것 같이 나도 너희를 사랑하였으니 나의 사랑 안에 거하라 내가 아버지의 계명을 지켜 그의 사랑 안에 거하는 것 같이 너희도 내 계명을 지키면 내 사랑 안에 거하리라 내가 이것을 너희에게 이름은 내 기쁨이 너희 안에 있어 너희 기쁨을 충만하게 하려 함이라."

위의 구절을 다시 살펴보고 우리의 제일의 관계가 무엇인지 찾으라. 누구와의 관계인가? 그것은 예수 그리스도와의 관계다. 우리는 그분과 관계를 맺고 있다. 앞의 구절에서 거듭 말하고 있는 우선순위는 무엇인가? 거하라, 거하라, 거하라. 그리스도와의 관계에서 우리의 일차적인 책임은 그분 안에 거하는 것이다.

제자도의 두 번째 특징을 공부하면서 우리는 말씀 가운데 거하는 것이 얼마나 중요한지 배웠다. 이제 제자도의 일곱 번째 특징에 대해 훈련하면서, 주님의 말씀 가운데 거하는 것은 그분과의 관계 속에서 우리의 책임이라는 사실을 거듭 깨닫는다. 사랑의 마음을 가지고 정기적으로 성경을 공부하는 것은 그리스도 안에 거한다는 단순한 표현이다. 그러므로 그리스도와의 관계 안에서 우리가 해야 할 제일의 우선 순위는 그분 안에 거하는 것이다.

우선순위 2 : 서로 사랑함

앞의 말씀에서 언급된 다음 단계로 옮겨 가자. 12절과 17절을 보라.

"내 계명은 곧 내가 너희를 사랑한 것 같이 너희도 서로 사랑하라 하는 이것이니라… 내가 이것을 너희에게 명함은 너희로 서로 사랑하게 하려 함이라."

우리는 그리스도와 관계를 맺고 있다. 그 관계 안에서 우리의 첫 번째 책임은 그분을 사랑하는 것이다. 한편 신약에서 말한 '서로'라고 일컬어지는 다른 믿는 사람들과의 관계도 있다. 그 관계 안에서 우리의 첫 번째 책임은 서로 사랑하는 것이다.

신학대학원을 졸업한 후에 나는 피닉스에 있는 성경 대학에 채용되었다. 거기서 일주일에 15시간 수업을 하면서 5개의 성경 과목을 가르쳤다. 처음 몇 년 동안 나는 성경 교사로서의 내 일이 성경을 가르치는 것이라고 생각했다. 논리적으로 생각해봐도 그것은 당연한 일이었다. 직무 설명서에 의하면, 나는 성경 교사였고 내 모든 수업은 성경 과목이었다. 그래서 나의 우선순위는 당연히 성경을 가르치는 것이라고 생각했다.

그러던 중 한 평신도가 우리 교회 주일학교 교사 수련회에 강사로 왔다. 다른 지역에서 온 이 평신도에게 나는 별다른 기대가 없었다. 우주항공산업 기술자였던 그는, 당시 케이프 카나버럴(Cape Canaveral)

이라는 곳에 있었던 나사(NASA)의 우주 비행 관제소에서 일했다.

그는 60년대 초 거기서 일하기 시작했던 때의 이야기를 했다. 그는 다른 기술자들과 자신에게 맡겨진 가장 주된 업무는 로켓을 발사하는 일이라고 생각했다. 그래서 그들은 로켓을 발사했다. 그러나 로켓이 어디에 떨어질지는 전혀 몰랐다. 어쨌거나 그들은 로켓 과학자들이었다. 그러니 뭘 더 기대하겠는가?

로켓 하나는 멕시코에, 다른 하나는 멕시코만에 떨어졌다. 그리고 또 다른 하나는 쿠바에 떨어졌다. 이 일로 카스트로가 미국을 못마땅하게 생각했던 것은 당연하다. 나머지 하나는 공중으로 똑바로 올라갔다가 바로 밑으로 떨어져 가까스로 우주 항공 센터를 비껴 갔다. 상부에서 얼마나 불쾌했을지는 더 말할 필요도 없다.

당시 대통령이었던 존 F. 케네디는 이렇게 말했다. "여러분, 우리의 목표는 단지 로켓 발사대에서 로켓을 발사하는 것이 절대로 아닙니다. 우리의 목표는 로켓에 사람을 태워 달에 가게 하는 것입니다."

그렇게 말한 다음, 칼 콤스(Carl Combs)라는 이름의 그 강사는 성경을 가르치는 데 있어서 결코 잊을 수 없는 한 구절을 우리와 나누었다. 그것은 마치 하나님이 특별히 나를 향해 발사하신 화살처럼 내 마음을 찔렀다. 바울이 디모데에게 간단 명료하게 말한 디모데전서 1장 5절 말씀이었다. "교훈의 목적은… 사랑이거늘."

그 말씀은 가르침에 대한 내 태도를 전부 변화시켰다. 나는 가르치는 것이 목적이라고 생각해왔었다. 그러나 이 훌륭한 로켓 과학자요 성경 교사는 가르침의 참된 목적에 대한 바울의 설명을 지적하면서,

내 실수를 깨닫게 해주었다.

성경이 말하는 바는 이렇게 풀이된다. "그러나 가르침의 목적은 사람들로 하여금 깨끗한 마음과 선한 양심 그리고 신실한 믿음으로 어떻게 하나님을 사랑하며 또 서로 사랑하는지를 가르치는 것입니다"(딤전 1:5). 그 의미는 무엇인가?

교회 안에서 서로에 대한 제일의 책임은…

그리스도의 지체 된 교회로서 제일의 책임은…

나와 그리고 그리스도의 몸된 교회로서 제일의 책임은…

…그리스도가 우리를 사랑하신 것처럼 서로 사랑하는 것이다.

새 계명은 이렇게 말한다. "너희가 서로 사랑하면 이로써 모든 사람이 너희가 내 제자인 줄 알리라"(요 13:35). 가정과 지역 사회를 향한 가장 좋은 간증은 믿을 수 없을 만큼 서로를 사랑하는 가정과 공동체를 세우는 것이다. 간증을 가장 빨리 파괴하는 방법은 사랑의 붕괴를 보여주는 것이다. 교회 주변 사람들에게 신실한 간증을 보여주는 가장 좋은 방법은, 함께 있기를 즐겨하는 구성원을 갖는 것이다. 많은 사람들이 주말마다 "어서 여기서 벗어나고 싶어. 혼자 있고 싶단 말이야"라고 말하더라도, 서로 사랑하는 믿음의 사람들은 "우리는 함께 모여야 해"라고 말한다. 왜 그렇게 말하는가? 믿는 사람들은 서로 사랑할 때 믿기 어려운 필요가 채워지기 때문이다.

얼마 전 아내는 길 건너편에 사는 인도인 이웃과 함께 산책을 했다. 어느 날 그 이웃이 아내에게 물었다. "바비, 뭐 하나 물어봐도 돼요?"

"물론이죠."

"당신 가족들을 뭔가 달라 보이게 만드는 그것은 뭐예요?"

아내는 선뜻 그녀의 말을 이해하지 못했다. "다르다니, 그게 무슨 말이죠?"

"그러니까 말하자면 당신 식구들은 가족으로 서로 좋아하고 있는 것처럼 보여요." 그녀는 말을 이었다. "당신 남편과 당신과 아이들이 언제나 함께 여기저기 다니는 것을 자주 봐요. 당신들은 언제나 함께 무언가를 하지요. 가족이 함께 축구 경기에 나가고, 함께 집으로 돌아옵니다. 당신들이 마당에서 함께 일하거나 공놀이 하는 모습을 봅니다. 당신들은 함께 있는 것을 좋아하는 것처럼 보여요."

아내는 미소를 지으며 말했다. "맞아요."

"어떻게 그럴 수 있죠?"

그렇게 해서 우리는 그 인도인 가족에게 복음을 전하기 시작했다. 우리 동네에는 여섯 인도인 가정이 있다. 그들은 우리가 뭔가 다르다는 것을 느꼈고 그것에 대해 더 알고 싶어했다. "어떻게 가족들이 서로를 그렇게 좋아할 수 있습니까?"라고 물으며 그 비밀을 알고 싶어했다. 바비는 애써 대화를 진전시켰고, 예수 그리스도가 우리의 삶에 주신 변화에 대해 간증했다. 그리스도인으로서 우리의 사랑은 마땅히 세상에 널리 알려져야 한다.

그리스도인이란 배우자를 사랑하는 부부이며, 자녀를 사랑하는 부모이며, 부모를 사랑하는 자녀이며, 서로 사랑하는 교회 안의 믿음의 지체들이다. "너희가 서로 사랑하면 이로써 모든 사람이 너희가 내 제자인 줄 알리라."

배운 그대로 그리스도인들이 온 세상 모든 사람과 서로를 사랑한다면 그만큼 좋은 일은 없다. 그러나 현실은 그렇지 않다. 예수님은 언제나 우리가 그 사실에 대비하기를 원하신다. 주님의 말씀을 들어보자.

"세상이 너희를 미워하면 너희보다 먼저 나를 미워한 줄을 알라 너희가 세상에 속하였으면 세상이 자기의 것을 사랑할 것이나 너희는 세상에 속한 자가 아니요 도리어 내가 너희를 세상에서 택하였기 때문에 세상이 너희를 미워하느니라 내가 너희에게 종이 주인보다 더 크지 못하다 한 말을 기억하라 사람들이 나를 박해하였은즉 너희도 박해할 것이요 내 말을 지켰은즉 너희 말도 지킬 것이라 그러나 사람들이 내 이름으로 말미암아 이 모든 일을 너희에게 하리니 이는 나를 보내신 이를 알지 못함이라 내가 와서 그들에게 말하지 아니하였더라면 죄가 없었으려니와 지금은 그 죄를 핑계할 수 없느니라 나를 미워하는 자는 또 내 아버지를 미워하느니라 내가 아무도 못한 일을 그들 중에서 하지 아니하였더라면 그들에게 죄가 없었으려니와 지금은 그들이 나와 내 아버지를 보았고 또 미워하였도다 그러나 이는 그들의 율법에 기록된 바 그들이 이유 없이 나를 미워하였다 한 말을 응하게 하려 함이라" (요 15:18-25).

이 말씀의 의미는 이것이다. "만일 이 미움이 너희에게 향한다면, 그때 너희는 하나님의 말씀이 진리인 줄 알 것이다. 그것은 성경에서 정확하게 예언하는 대로다. 너희 아버지를 좋아하지 않는 사람은 너희도 좋아하지 않을 것이다. 그것 때문에 너희가 놀라서는 안 된다. 왜냐하면 너희는 한 가족이기 때문이다. 너희는 그 이름을 지닐 것이고 그 가족을 미워하는 자들의 공격을 받을 것이다. 그러니 그것에 대해 염려하지 말아라."

이 질문을 뒤바꿔보면 어떨까? 세상이 우리를 미워하지 않는다면 어떻다는 말인가? 그것은 어떤 의미인가? 우리는 어느 가족과 더 가깝게 지내고 있는가?

다행히 우리는 세상의 미움을 혼자 감당하지 않아도 된다. 예수님의 약속을 기억하라. "내가 아버지께로부터 너희에게 보낼 보혜사 곧 아버지께로부터 나오시는 진리의 성령이 오실 때에 그가 나를 증언하실 것이요 너희도 처음부터 나와 함께 있었으므로 증언하느니라"(요 15:26-27).

우선순위 3 : 세상에 증거함

우리는 또한 그리스도와 관계를 맺고 있다. 또 사랑해야 할 다른 그리스도인들과 관계를 맺고 있다. 이제 세 번째 관계가 있는데 그것은 세상과의 관계다. 세상과 우리와의 관계에서 우리의 제일의 책임은 무엇인가? 마지막 구절을 보라. "너희도… 증언하느니라."

요한복음 15장 마지막 구절은 참으로 흥분되는 말씀이다. 예수님은 "너희도 처음부터 나와 함께 있었으므로"라고 말씀하신다. 그러므로 이제 우리는 세상에 증언해야 한다.

이제 그리스도 안에 거할 때 그리스도가 나를 사랑하시는 방식으로 다른 믿는 사람들을 사랑하는 것이 어떤 의미인지 이해할 수 있다. 이처럼 다른 그리스도인들을 사랑할 때 세상에 증인이 되는 것이다. 세상을 향해 능력 있는 증인이 되기 위해서는 사랑의 방법을 가르쳐주시는 주님과 많은 시간을 보냄으로써 가능하다. 우리는 그런 식으로 세상을 향해 증거할 수 있다. 이것은 순환하는 관계다. 이 순환 관계 속에 조화를 이루지 않는 것은 하나도 없다.

우리는 하나님과, 다른 믿음의 사람들과, 그리고 아직 믿지 않는 사람들과 관계를 가지고 있다. 또 그리스도는 각 관계마다 매우 분명하게 정의한 책임을 부여하셨다.

예수님이 떠나시기 전날 밤, 제자들에게 주신 삶의 철학은 얼마나 멋진가? 누군가 우리에게 "삶의 철학은 무엇입니까?"라고 물어왔을 때 이렇게 대답한다면 얼마나 근사한 일인가? "제 삶의 철학은 매우 간단합니다. 그리스도 안에 거하라. 다른 그리스도인들을 사랑하라. 아직 주님을 모르는 사람들에게 증거하라." 이것이 그리스도인의 삶의 요약이다.

참된 사랑의 다섯 가지 특징

이제 제자도의 일곱 번째 특징이 무엇인지 짐작할 수 있을 것이다. 그것은 세상에 그리스도의 사랑을 반영하며 드러내는 것이다. 요한복음 15장 12-17절에서 예수님은 참된 사랑의 다섯 가지 특징을 설명하신다.

제자들과 함께한 마지막 날 밤, 유월절 식탁에서 예수님은 "사람이 친구를 위하여 자기 목숨을 버리면 이보다 더 큰 사랑이 없나니"라는 말씀으로 시작해 다섯 가지 사랑의 교훈을 가르치셨다.

성경적인 사랑은 희생하는 사랑이다. 신약에서 하나님의 사랑이 언급될 때마다 그 사랑은 언제나 다른 사람의 정당한 필요를 희생적으로 채워준다. 그것은 결코 이기적인 것이 아니다(그리스도를 닮은 사랑의 다섯 가지 특징이 묘사되어 있는 요한복음 15장의 여백에 참고 자료로 고린도전서 13장을 써놓으라).

참된 사랑은 희생적이다. 이 메시지는 요한복음 13장 1절에 소개되어 있다. "유월절 전에 예수께서 자기가 세상을 떠나 아버지께로 돌아가실 때가 이른 줄 아시고 세상에 있는 자기 사람들을 사랑하시되 끝까지 사랑하시니라." 얼마나 위대한 말씀인가! 예수님은 그들을 끝까지 사랑하셨다. 그리고 그들을 위해, 또 우리를 위해 자기 목숨을 버리셨다.

살아 있다는 것은 아직 사랑의 정점에 이르지 못했다는 의미다. 친구나 사랑하는 사람을 위해 자기 목숨을 완전히 버리지 않았다는 말이다. 그러나 예수님은 사랑하기 위해 우리가 반드시 순교자가 되어야 한다거나, 육체의 생명을 버려야 한다는 것을 의미하신 것은 아니었다. 그 죽음은 우리 대다수에게 해당되는 것은 아닐 것이다. 그 대신 태도와 행동으로 사랑하는 사람들의 정당한 필요를 채우는 데 기꺼이 희생할 수 있다는 것을 보여주어야 한다.

사랑은 단지 상대방이 느끼는 필요를 반드시 채워주는 것은 아니다. 수상 스키를 타고 싶은 아들이 "아빠, 이게 필요해요"라고 말할 수도 있다.

그러면 나는 이렇게 말할 것이다. "아니야. 너는 그게 필요한 게 아니야. 그냥 하고 싶을 뿐이지."

"아빠, 난 그게 필요해요. 보트보다 싸잖아요." 그렇게 말해도 나는 끄덕 없다.

사랑은 정당한 필요를 희생적으로 채워준다.

그리스도를 닮은 사랑의 두 번째 특징은 요한복음 15장 14절에서 배울 수 있다. "너희가 나의 명하는 대로 행하면 곧 나의 친구라." 그리스도를 닮은 사랑은 희생적이며 순종적이다. 그러나 무엇에 순종하란 말인가? 이 문제는 매우 중요하다. 그리스도를 닮은 사랑은 하나님의 명령에 순종한다.

이웃을 사랑하려면 하나님이 우리에게 주신 이웃에 적용되는 명령에 순종해야 한다. 현관에 나가 길 건너편에 있는 이웃에게 가서 "이봐요, 당신을 사랑해요!"라고 말한다고 사랑이 아니다.

그렇게 한다면 이런 소리나 듣기 십상이다. "베일리 씨, 요즘 잠을 통 못 주무신 모양이네요. 카페인 없는 커피로 바꾸지 그러세요?"

성경이 명하는 대로 이웃을 사랑하려면, 이웃과 관련된 하나님의 명령을 지켜야 한다. 아내를 사랑하려면 아내와 관련된 하나님의 명령에 순종해야 한다. 직장 상사를 사랑하려면 직장 생활과 관련해 하나님이 주신 명령에 순종해야 한다. 믿는 사람들에 대한 명령에 그대로 따름으로써 교회 안의 동료 그리스도인들을 사랑해야 한다.

하나님이 명령하신 대로 행한다면 우리는 매우 특별한 사랑의 관계 안에서 그분과 친구가 된다. 사랑은 희생이다. 사랑은 하나님의 명령에 순종하는 것이다. 이것은 믿는 사람과 주님 사이의 사랑을 더욱 깊게 한다. 예수님은 그것을 돈독하게 만들어야 할 우정이라고 말씀하셨다.

세 번째 특징은 15절에서 배운다. "이제부터는 너희를 종이라 하지 아니하리니 종은 주인이 하는 것을 알지 못함이라 너희를 친구라 하였노니 내가 내 아버지께 들은 것을 다 너희에게 알게 하였음이니라." 참된 사랑은 언제나 진실을 말한다. 에릭 시걸(Eric Segal)은 영화로도 유명한 소설 「러브 스토리(Love Story)」에서 완전히 잘못된, 거의 사탄의 말에 가까운 유명한 말을 남겼다. "사랑은 결코 미안하다고 말하지 않는 것"이라는 말이 그것이다.

그 말은 진실이 아니다. 성경은 "사랑 안에서 참된 것을 말하라"고 권면한다. 그것이 그리스도의 몸에 속한 지체를 성장시키는 요인이다.

아이들을 사랑한다면 하나님이 그들에게 가르치라고 말씀하신 모든 것을 말해주어야 한다. 그리스도가 나를 사랑하셔서 하나님 아버지가 말씀하신 모든 것을 우리에게 말씀해주셨다면, 우리 역시 하나님이 말씀하신 전부를 자녀들에게 말해주어야 한다. 마찬가지로 참으로 우리의 이웃을 사랑하려 한다면, 이웃과 관련하여 하나님이 말씀하신 진리를 모두 이웃에게 말해주어야 한다. 천국에 가서 하나님 앞에 섰을 때 이런 대화를 나누고 싶지 않다면 말이다.

"네 이웃을 사랑했느냐?"

"예, 그랬습니다."

"내가 너와 나눴던 나의 진리를 그들에게 말했느냐?"

"아니요. 한 번도 그런 기회를 갖지 못했습니다."

"그렇다면 너는 네 이웃을 사랑하지 않았구나."

같은 원리가 그리스도인들에게도 작용한다. 교회 안의 교제방과 휴게실과 그룹을 위한 모임방이 있는 것도 그런 이유다. 그런 공간에서 우리는 하나님이 우리에게 행하신 선한 일들을 표현할 수 있다.

학기마다 나는 신입생들에게 빌레몬서 4-6절에 대한 전략적인 숙제를 내주곤 한다. 바울은 위대한 기도로 빌레몬서를 시작하고 있다. 이 서신에서 바울은 빌레몬에게 자기가 다시 돌려보내는 한 도망 나온 노예에 대해 말한다. 바울은 우리를 위해 그 기도를 기록하고 있다. "내가 항상 내 하나님께 감사하고 기도할 때에 너를 말함은 주 예수와 및 모든 성도에 대한 네 사랑과 믿음이 있음을 들음이니 이로써 네 믿음의 교제가 우리 가운데 있는 선을 알게 하고 그리스도께 이르도록 역사하느니라."

교제를 통해 우리는 하나님이 우리의 삶 속에서 행하시는 선한 일들이 무엇인지 알 필요가 있다. 그 교제가 효과적인 것이 되게 하려면, 하나님이 우리 삶 속에서 하시는 선한 일들을 서로 나누는 데 시간을 보내야 한다. 나는 그것을 '즐거운 숙제'라고 부른다.

우리에게 가장 좋은 성장의 경험은 그리스도 안에 있는 형제나 자매와 마주앉아, "하나님이 당신 삶 속에서 어떤 일을 하고 계십니까?"라고 묻고 그 대답을 듣는 것이다. 그렇게 나눌 때 효과적인 교제가 이루어진다.

그리스도를 닮은 사랑의 네 번째 특징은 요한복음 15장 16절에 있다. "너희가 나를 택한 것이 아니요 내가 너희를 택하여 세웠나니 이는 너희로 가서 열매를 맺게 하고 또 너희 열매가 항상 있게 하여." 요한일서 4장 10절도 그와 같은 솔선하는 사랑을 말한다. "사랑은 여기 있으니 우리가 하나님을 사랑한 것이 아니요 하나님이 우리를 사랑하사." 그렇다. 사랑은 언제나 솔선한다.

때때로 우리는 다른 사람들이 그리스도를 닮은 사랑으로 우리를 사랑하지 않는다는 이유로 분개한다. 누군가 우리를 향해 그런 사랑을 먼저 보여주기 원하며 기다린다. 그러나 성경은 우리가 먼저 그들에게 솔선하여 사랑을 베풀라고 명령한다. 우리 모두에게는 그리 친절해 보이지 않는 교회에 나갔던 경험이 한 번쯤은 있다. 그때 우리는 반사적으로 입을 다문 채 아무와도 인사하지 않고 그냥 걸어나왔을 것이다. 교회에서 그런 모습을 본 사람들은 과연 어떻게 느꼈을까? "저 사람은 분명히 다정한 사람은 아닌 것 같아." 아마 그렇게 느꼈을 것이다.

이웃과 지역 사회를 향해 예수 그리스도를 위해 영향력을 미치고 싶다면, 그리고 세상을 향해 효과적인 복음 증거를 하고 싶다면, 서로 사랑해야 할 뿐 아니라 그리스도를 닮은 사랑을 솔선하여 베푸는 사람이 되어야 한다. 먼저 이렇게 말해보는 것은 어떤가? "교회 갔다온 다음에는 뭘 하세요? 금요일 밤에는 뭘 하세요? 우리 집에 와서 커피 한 잔 하실래요? 점심이나 같이할까요?" 교회 로비에서 사람들에게 말을 건네라. 정기적으로 예배에 참석하는 사람이건, 새로 온 사람이건, 의자에 앉아 있는 사람이건 그들에게 먼저 인사를 하라. 교회에서든 마을에서든 다른 사람들에게 먼저 그리스도를 닮은 사랑을 보여주는 사람이 되라. 먼저 손을 내밀어 자기에게 접촉해주기를 기다리는 사람이 우리 주변에는 너무 많다. 우리가 접촉하는 그 사람이 그리스도를 위해 세상과 접촉하는 바로 그 사람이 될 수도 있다.

나이 많은 할머니가 숄로 몸을 감싼 채 흔들의자에 앉아 전화벨이 울리기를 기다리며 전화기를 응시하고 있는 광고를 나는 잊지 못한다. 그 광고만 보면 참을 수가 없다. 그래서 이렇게 말해주고 싶다. "아, 할머니. 자녀들에게 먼저 전화를 걸어보세요." 할머니는 자신이 먼저 하는 대신 누군가 전화해주기만을 계속 기다리고 있는 것이다.

아내와 내게는 마크와 브렌다라는 친구가 있다. 처음 달라스로 이사와 교회 개척을 하며 그들을 만나 친해지게 되었다. 그리고 그들이 믿음 안에서 자라는 것을 보았다. 지난 5년간 우리는 서로 다른 교회에 속했지만 우정은 그대로 유지해오고 있다. 원하는 만큼 서로 자주 보지는 못했지만, 마크가 나를 필요로 하거나 내가 필요할 때면 우리는 둘 다 서로의 필요를 채우기 위해 즉시 움직일 것이라고 믿는다. 성경적인 사랑은 바로 그런 것이다.

바이런과 팸은 신학대학원 시절부터 알게 된 부부다. 우리의 우정은 1974년 있었던 석유 파동에서 비롯되었다. 어느 날 밤, 바이런은 차에 가솔린이 떨어졌다면서 우리 집 대문을 두드렸다. 당시에는 가솔린을 일정액만 할당하던 시절이라 그는 그날 더 이상 가솔린을 살 수 없었다. 몹시 난처한 지경에 빠졌던 것이다. 나는 아내에게 음식을 1인분 더 만들어달라고 부탁했다. 그날 밤 바이런은 우리 집에 머물러야 했기 때문이다.

그후 바이런 부부와 우리 부부는 꾸밈없는 관계를 누렸다. 밤늦게 전화해서, "뭐 하고 있어? 지금 밖에서 커피 한 잔 할까?"라고 말할 수 있는 관계가 되었다.

그후 우리는 10년에 한 번 서로를 보는 것 같다. 최근에 바이런은 밤늦게 나를 찾아왔다. 이번에는 예루살렘의 하얏트 호텔에서였다. 바이런은 유대인들을 위한 전도 집회를 위해 그곳에 왔고, 나는 학생들의 이스라엘 관광 안내를 마치고 막 그곳을 떠나려던 참이었다. 호텔의 허락을 받아 그는 늦게 왔고 나는 새벽 두 시에 그곳을 떠났다. 우리는 몇 년 동안 나누지 못했던 우정을 나누었고, 자정까지 이야기를 나누었다. 성경적인 사랑은 그와 같은 것이다! 그가 전화로 나에게 와달라고 했다면, 나는 기꺼이 그렇게 했을 것이다.

친구와 그런 사랑의 관계를 만들어가려면 우리는 먼저 사랑해야 한다. 그것은 저절로 만들어지지 않는다. 누군가의 옆집으로 이사를 간다고 해서 마음이 통하는 친구가 되지 않는다. 먼저 손을 내밀며 인사해야 한다.

예수님이 우리를 먼저 어떻게 사랑하셨는가 생각해보라. 우리가 아직 죄인 되었을 때, 경건하지 못했을 때, 개인적으로 삶의 가장 낮은 지점에 서 있었을 때, 그리고 거기서 하나님은 우리를 향해 사랑을 건네주셨다. 예수 그리스도를 보내사 경건하지 못한 우리를 위해 죽게 하셨다. "모르겠어. 그들은 그리 친절한 사람들은 아닌 것 같아. 난 그들에게 다가가지 않겠어." 그분은 이렇게 말씀하시지 않았다. 우리는 세상에서 가장 비천하고 가장 야비하며 가장 약하고 가장 게으른 죄인들이었지만, 어쨌든 하나님은 우리에게 다가오셔서 손을 내미셨다.

예수 그리스도가 사랑하셨던 것처럼 사랑하기를 원한다면 다른 사람들에게 먼저 다가가야 한다. 비록 그들이 당신이 좋아하는 사람이 아닐지라도 말이다. "너희가 나를 택한 것이 아니요 내가 너희를 택하여 세웠나니"라고 예수님은 말씀하셨다. 우리는 누군가에게 그리스도를 닮은 사랑과 다정함으로 다가가 친구로 사귀어야 한다.

이제 끝으로 사랑의 다섯 번째 특성을 살펴보자. 예수님은 이렇게 말씀하셨다. "내가 너희를 택하여 세웠나니 이는 너희로 가서 열매를 맺게 하고 또 너희 열매가 항상 있게 하여 내 이름으로 아버지께 무엇을 구하든지 다 받게 하려 함이라"(16절). 성령의 열매는 사랑이며, 사랑은 언제까지나 영원할 열매를 맺는다. 따라서 사랑한다는 것은 곧 성령의 열매를 보여주는 것이다. 그리고 언제든지 성령의 열매가 맺힐 때 하나님은 그 열매가 영원할 것이라고 보장해주신다.

예수님은 자신이 우리를 사랑하셨던 것처럼 우리도 서로 사랑하라고 말씀하셨다. 아주 단순한 방법으로 단 한 번만 말씀하시지 않았다. 신약 성경에서 '서로'에 관한 구절들을 읽어보라. 그 목록이 얼마나 긴

지 놀랄 것이다. 그리고 우리의 영혼도 자극을 받을 것이다.

"서로 화목하라"(막 9:50).

"서로 발을 씻어 주는 것이 옳으니라"(요 13:14).

"너희가 서로 사랑하면"(요 13:35).

"너희와 나의 믿음으로 말미암아 피차 안위함을 얻으려 함이라"(롬 1:12).

"형제를 사랑하여 서로 우애하고 존경하기를 서로 먼저 하며"(롬 12:10).

"서로 마음을 같이하며"(롬 12:16).

"피차 사랑의 빚 외에는 아무에게든지 아무 빚도 지지 말라"(롬 13:8, 당신이 질 수 있는 빚은 사랑의 빚밖에는 없다는 뜻이다).

"우리가 다시는 서로 비판하지 말고"(롬 14:13).

"서로 덕을 세우는 일을 힘쓰나니"(롬 14:19).

"그리스도께서 우리를 받아 하나님께 영광을 돌리심과 같이 너희도 서로 받으라"(롬 15:7).

"서로 권하는 자임을 나도 확신하노라"(롬 15:14).

"너희가 거룩하게 입맞춤으로 서로 문안하라"(롬 16:16).

"서로 분방하지 말라"(고전 7:5).

"서로 같이 돌보게 하셨느니라"(고전 12:25).

"사랑으로 서로 종 노릇 하라"(갈 5:13).

"만일 서로 물고 먹으면 피차 멸망할까 조심하라"(갈 5:15).

"헛된 영광을 구하여 서로 노엽게 하거나 서로 투기하지 말지니라"(갈 5:26).

"너희가 짐을 서로 지라"(갈 6:2).

"오래 참음으로 사랑 가운데서 서로 용납하고"(엡 4:2).

"그런즉… 참된 것을 말하라 이는 우리가 서로 지체가 됨이라"(엡 4:25).

그리고 신약 성경 가운데 가장 위대한 구절은 다음과 같다. "서로 친절하게 하며 불쌍히 여기며 서로 용서하기를 하나님이 그리스도 안에서 너희를 용서하심과 같이 하라"(엡 4:32).

"그리스도를 경외함으로 피차 복종하라"(엡 5:21).

"각각 자기보다 남을 낫게 여기고"(빌 2:3).

"너희가 서로 거짓말을 하지 말라"(골 3:9).

"서로 위로하라"(살전 4:18).

"서로 대하든지 모든 사람을 대하든지 항상 선을 따르라"(살전 5:15).

"피차 권면하여"(히 3:13).

"서로 돌아보아 사랑과 선행을 격려하며"(히 10:24).

"형제들아 서로 비방하지 말라"(약 4:11).

"형제들아 서로 원망하지 말라"(약 5:9).

"너희 죄를 서로 고백하며"(약 5:16).

"서로 기도하라"(약 5:16).

"서로 대접하기를 원망 없이 하고"(벧전 4:9).

"각각 은사를 받은 대로… 서로 봉사하라"(벧전 4:10).

"서로 겸손으로 허리를 동이라"(벧전 5:5).

베드로전서 5장 14절에서 바울은 이 말씀을 되풀이한다. "너희는 사랑의 입맞춤으로 서로 문안하라."

32구절이 넘는 이 말씀들은 예수 그리스도의 몸 안에서 우리가 서로 무엇을 해야 하는지 말해준다. 그것은 매달 세 가지 이상 되는 서로 다른 방법으로 예수 그리스도의 사랑을 보여줄 수 있다는 것을 의미한다. 이번 달에 누군가를 택해 그 사람에게 세 가지 이상을 행하며 사랑하라. 당신 역시 누군가의 목록에 이 달에 사랑해야 할 사람으로 선택된다면 얼마나 신나겠는가?

척 오스틴(Chuck Austin)은 이렇게 쓰고 있다.

나는 비범하게 되기를 선택한다. 나는 하나님의 약속과 능력으로 말미암아 그렇게 될 수 있다.

나는 방종의 안락이 아닌 제자도의 도전을 추구한다.

나는 천국행 티켓에 만족하며, 주변 세상에 의해 무디어지고 세상의 가치와 삶의 방식이라는 틀에 밀려나는 약한 그리스도인이 되기를 거부한다.

나는 고통을 쾌락으로, 성장을 편안함으로 바꾸는 것을 거부한다.

나는 하나님의 말씀의 확실성과 내 감정의 불확실함을, 나를 그분의 아들로 삼은 하나님의 보장과 내 옛 성품의 탐닉을, 그리스도 안에서의 자유와 형제를 넘어지게 하는 방종을 서로 바꾸지 않을 것이다.

나는 이길 수 없는 것처럼 보이는 대적들과 맞섰던 성도들의 전통을 물려받았다. 그들은 자기들이 치러야 할 헌신의 대가를 알면서도 완전히 예수 그리스도께 헌신했다.

나는 내 자신을 섬기려는 '권리'를 포기하며, 자기를 따라 다른 사람을 섬기는 종의 대열에 합류하라는 주인의 초청을 받아들인다.

나의 권리는 하나님의 아들의 온전한 희생을 통해 자비와 은혜를 얻기 위하여 하나님의 보좌에 담대히 들어가는 것이다.

나는 개인적인 성취를 자랑하지 않는다. 오히려 내 모든 자원이 내 안에 거하시는 하나님의 성령께 있음을 인정한다. 하나님이 빚으시는 이 나라의 원료는 은혜로 구원받은 용서함을 입은 죄인이다.

이에 따라 나는 하나님이 나를 지원해주시기 때문에, 아무도 나를 이길 수 없음을 믿기로 선택한다. 그러므로 나는 먼저 하나님 나라를 구할 것이며, 주님을 알기 위해 끊임없이 전진할 것이다. 나는 믿음으로 말미암아 하나님으로부터 오는 의를 가진 자로 하나님 안에서 드러나기를 원한다.

나의 소망은 경주를 다 마치고 믿음을 지키는 것이며, 나 자신을 자랑하지 않고, 오히려 "잘했다 착하고 충성된 종아"라는 주님의 말씀을 듣는 것이다.

이 책에서 공부했던 특징들은 우리가 일생 동안 추구해야 할 목표다. 그것들은 하나를 완전히 마치고 다른 단계로 넘어가는 것이 아니라, 일곱 가지 특징 모두를 목표로 동시에 노력해야 한다. 여기서는 논리적 순서에 따라 열거했지만, 하나님을 얼굴과 얼굴을 맞대고 뵈올 때는 온전히 달성할 수 있다. 그것은 제자의 의미를 정의하는 인격의 과녁이다.

나는 당신을 위해 기도한다. 당신 인생 제일의 사랑의 관계로서 예수 그리스도를 끝없이 사랑하게 되기를 기도한다. 또한 영적 성장을 훈련하는 체육관에서 스스로를 헌신하며 연단하기 위해서는 트레이닝이 필수적이라는 사실을 인식하게 되기를 기도한다. 영혼의 체육관에서 선악을 분별하기 위해 감각을 훈련시키며, 그렇게 함으로써 올바른 선택을 하기를 기도한다. 자신에 대해서는 "아니오"라고 말하고, 예수님에 대해서는 "예"라고 말하는 것을 배우게 되기를 기도한다. 세상의 소금으로서 맛을 지키면서 하나님이 당신에게 주신 것들을 포기하지 않으며, 당신의 간증을 잃어버리지 않기를 기도한다. 끝으로 예수 그리스도가 당신을 사랑하신 것처럼 다른 사람들을 사랑하며, 먼저 사랑을 보여주기를 기도한다. 이 특징들이 당신이 배우기 위해 애쓰는 제자의 모습이 되며 삶의 기초가 되기를 원한다. 나아가 당신이 또 다른 제자를 삼기 위해 다른 사람에게 다가갈 수 있기를 원한다.

토론 문제

1. 이 책을 통해 깨달은 경건한 사랑의 정의를 내려보라. 이 정의를 이끌어낸 성경 말씀을 말해보라.

2. 서로 사랑하는 것을 '새' 계명이라고 말씀하신 예수님이 세우신 새로운 사랑의 기준은 무엇인가(요 13:34)?

3. 삶으로 실천하기 가장 어려운 '서로'에 대한 말씀을 3-5개 정도 열거해보라. 왜 그것들은 다른 말씀들보다 어렵다고 생각하는가?

4. 요한복음 15장에 있는 세 가지 주된 관계들과 책임을 말해보라. 이 세 요소가 어떻게 그리스도인의 위대한 삶의 철학이 될 수 있는가?

5. 척 오스틴이 말한 개인적인 헌신을 다시 읽은 후에, 제자도에 대한 당신의 사명 선언문을 만들어보라. 가족이나 또는 친구와 그것을 나누라. 그들에게 정기적으로 당신을 점검해달라고 부탁하라.

제자도의 7가지 핵심

1쇄 발행　1998년 3월 15일
개정판 2쇄 발행　2017년 5월 15일

지은이　　마크 베일리
펴낸이　　고종율

펴낸곳　　주)도서출판 디모데〈파이디온선교회 출판 사역 기관〉
등록　　　2005년 6월 16일 제 319-2005-24호
주소　　　서울특별시 서초구 서초대로 141-25(방배동, 세일빌딩)
전화　　　마케팅실 070) 4018-4141
팩스　　　마케팅실 031) 902-7795
홈페이지　www.timothybook.com

값 10,000원
ISBN 978-89-388-1520-0 03230
ⓒ 주) 도서출판 디모데 1998 〈Printed in Korea〉